**Martina Jenner**

Sachbuch mit Kurzgeschichten
„Vermisst"

**wie Sie Ihre verschwundene Katze wieder finden können.**

**Auflage März 2011**

**Printet in Germany**

**ISBN: 9783842329997**

**Herstellung und Verlag:**
Books on Demand GmbH, Norderstedt

**Homepage:**
http://www.die-rote-feder.de

## Begriffe

| Wort | Bedeutung |
|---|---|
| Dosi | Katzenhalter allgemein |
| Dosine | Weibliche Katzenhalter |
| Dosinen | Katzenhalter in der Mehrzahl |
| Halb-dosine | Eine Katzenhalterin hat sich noch nicht komplett für eine Katze entschieden, füttert diese jedoch regelmäßig. |
| Wilduhr | Eine Wilduhr wird für die Beobachtung und Aufzeichnung der Lebensgewohnheiten von Wild eingesetzt. |
| Hochfellungeheuer | Bezeichnet ein Tier mit gesträubtem Fell. |

# Vorwort

Von den etwa acht Millionen Katzen in deutschen Haushalten werden davon leider viele hunderttausende Katzen jährlich vermisst. Unzählige Halter suchen oftmals sehr lange und verzweifelt ihre Katzen, wie auch unglückliche Samtpfoten ihr Zuhause wieder finden wollen. Traurig genug ist es, wenn die vermissten Tiere schwer verletzt oder gar tot aufgefunden werden. Jedoch noch weitaus tragischer ist die Ungewissheit, was aus den Haustieren geworden ist.

Manchmal ist das Tier ganz in der Nähe und kann trotz größter Bemühungen nicht gefunden werden, weil es sich nicht immer bemerkbar machen kann. Nur wenige Katzenhalter wissen, was sie alles an Möglichkeiten aktivieren können, um die verlorengegangene Katze wiederzufinden.

- Mit diesem Buch will ich Ihnen Möglichkeiten aufzeigen, um Ihre Katze wiederzufinden.

- Als zweites soll Ihnen das Buch Vorsichtsmaßnahmen darlegen, um die Gefahr des Verschwindens Ihrer Katze einzudämmen.

- Drittens möchte ich Ihnen einige nette aber auch nachdenkliche Kurzgeschichten von Samtpfoten erzählen.

Aus Gründen der besseren Lesbarkeit, wird in diesem Buch überwiegend die männliche Schreibweise verwendet. Wir weisen an dieser Stelle ausdrücklich darauf hin, dass sowohl die männliche als auch die weibliche Schreibweise für die entsprechenden Texte gemeint sind.

# Inhaltsverzeichnis:

| Thema | Seite |
|---|---|
| Begriffe | 2 |
| Vorwort | 3 |
| Definition von Fundtieren und zugelaufenen Tieren | 7 |
| Behandlung der Fundtiere und die Kostentragungspflicht | 7 |
| Halterermittlung | 8 |
| Ein Beispiel von Inseraten gefundener Katzen | 11 |
| Karami geht stiften | 12 |
| Fakten über vermisste Katzen | 15 |
| Piet alias Carlos | 18 |
| Warum verschwinden Katzen? | 21 |
| Fiona | 23 |
| Sicherheitsmassnahmen gegen das Verschwinden von Katzen | 26 |
| Gipsy | 30 |
| Ab welchem Zeitraum gilt die Katze als verschwunden? | 32 |
| Gimmy | 33 |
| Was tun wenn die Katze verschwindet? | 36 |
| Farabi | 41 |
| Aufrufe verzweifelter Katzenhalter | 43 |
| Norli | 45 |
| Suchanzeigen | 47 |
| Belohnung | 53 |
| Spenden | 53 |
| Timo | 54 |
| Wie man einem Katzenhalter bei der Suche effektiv helfen kann | 58 |
| Liesi | 60 |
| Häufige Fundorte – ungewöhnliche Fundorte | 63 |
| Crumi | 65 |
| Freiwillig verschwunden oder entführt? | 69 |

| | |
|---|---|
| Luzio | 70 |
| Die Tricks der Katzenfänger | 74 |
| Clara | 77 |
| Tierdetektive | 80 |
| Maggie | 81 |
| Wenn die Katze lange Zeit nicht mehr aufzutauchen scheint | 85 |
| Freddie | 86 |
| Was tun bei zugelaufenen oder gefundenen Katzen? | 88 |
| Demoiselle | 90 |
| Tierkommunikation im Vorfeld üben | 94 |
| Larissa | 97 |
| Ungewissheit | 100 |
| Berti | 101 |
| Was tun, wenn die Katze wieder zurückkommt? | 103 |
| Wie geht es dem zurückgekehrten Tier gesundheitlich und emotional? Ist seine Persönlichkeit verändert? | 103 |
| Welche Rituale sind hilfreich um eine erneute stabile Bindung aufzubauen? | 104 |
| Suchen mit Hellsehern oder und Wahrsagern | 105 |
| Adressen/ Links | 106 |
| Kehrt Karami zurück? | 107 |
| Aktion "Erfassen verschwundener Hauskatzen" | 109 |
| Aktuelle Meldung von Tasso im Februar 2011 | 112 |
| Dankeswort | 113 |
| Schlusssatz | 113 |
| Bisher veröffentlichte Bücher | 114 |

## Definition von Fundtieren und zugelaufenen Tieren

Es existieren eine Reihe von gesetzlichen Vorgaben und Begriffsbestimmungen aus dem Tierschutzgesetz, wie auch aus dem BGB (Bürgerlichen Gesetzbuch) die den Umgang mit Fundtieren ebenso wie die Kostentragungspflicht als Regelwerk definieren.

Fundtiere werden als Tiere betrachtet, die entweder dauerhaft entlaufen sind oder herrenlos aufgefunden wurden und bei denen man einen Halter vermutet, wobei der Finder jedoch nicht definitiv auch der Halter ist.

Herrenlose Tiere bezeichnet man nach dem BGB § 959 und § 960, als Tiere ohne einen Eigentümer,- bzw. Halter, sowie diese sich im freien Bereich bewegen. Dabei ist in diesem Fall das ursprüngliche Fundrecht nicht anwendbar.

## Behandlung der Fundtiere und die Kostentragungspflicht

Sobald Sie als Finder das Tier in Ihre Obhut nehmen oder anleinen, sind Sie gesetzlich verpflichtet, dieses Tier dem Tierschutzgesetz entsprechend unterzubringen. Es gehört ebenfalls dazu, das Fundtier umgehend den Tierbesitzern zurückzugeben. Ist Ihnen dieser unbekannt, müssen Sie sich an die zuständigen Behörden (Gemeinde, Polizei) wenden, die im Allgemeinen das Tierheim als Verwahrungsstelle benennen. Das Fundtier kann von Ihnen auch direkt im Tierheim abgegeben werden. Es ist Ihnen möglich bei der Gemeinde einen Ersatz für die Aufwendungen der Kosten für die zeitweise entsprechende Unterbringung und notwendige tierärztliche Behandlung nach § 683 BGB zu beantragen, insbesondere dann, wenn die Behandlung aufgrund des Zustandes des Tieres nicht aufschiebbar war.

Diese Summe können die Behörden vom eigentlichen Tierhalter zurückverlangen. Ist der Besitzer nicht zu ermitteln, so kann der Finder den Anspruch (§ 976 BGB) auf das Fundtier nach Ablauf einer Frist (etwa sechs Monate) geltend machen. Will der Finder dieses Tier behalten, kann er unter gewissen Bedingungen bereits vor dem Ablaufen der Frist seine Rechte wahrnehmen. Für herrenlose Tiere gelten andere gesetzliche Vorgaben als das Fundrecht.

## Halterermittlung

Wenn Ihnen ein Tier bzw. eine Katze zuläuft, ist es wichtig herauszufinden, wem oder zu wem es gehört. Hierbei können Sie bei Tierheimen, Suchregistern, im Tassozentralregister oder den zuständigen Ämtern nachfragen, ob jemand seine Katze vermisst. Mit einer Suchanzeige haben Sie eine gute Möglichkeit, dass sich der Halter meldet. Geben Sie aber nur so viele Angaben wie nötig heraus, damit der Halter seine Katze wiedererkennen kann, wenn es wirklich seine Katze ist. Besondere Erkennungszeichen von seiner vermissten Samtpfote müsste Ihnen der Katzenhalter nennen, damit Sie sichergehen können, ob es auch tatsächlich seine Fellnase ist. Ansonsten bestünde die Gefahr, dass die Katze beim falschen Menschen landet. Wer seine Katze schätzt, weiß um Details wie besondere Merkmale oder Eigenheiten. Da fällt mir gerade ein Vergleich ganz anderer Art ein. Es ist im allgemeinen bekannt, dass behördliche Prüfer Scheinehen mit gewissen Tests entlarven wollen. Dies heißt nun nicht, dass Sie Ihre Katze heiraten sollen, aber wenn Sie mit Ihrer Samtpfote Ihre Wohnung teilen, müssten Sie schon einige Details über sie kennen. Fast alle Katzenhalter sind überglücklich, wenn sie ihre verlorengegangene Katze zurückerhalten. Manchen ist dies völlig egal, nur einige wenige Ausnahmen sind glücklich, wenn ihre Katze das Weite gesucht hat und auf Nimmerwiedersehen verschwindet. Andere scheuen sich zu melden und ihre Samtpfote abzuholen, da sie Kosten, wie tierärztliche Behandlung befürchten, aber dies nicht bezahlen können oder gar wollen. Diese Erfahrung machte ich bei einer Fundkatze, die dreibeinig zur kalten Jahreszeit in einer Stadt herumstreunte. Ihr viertes Beinchen hing nur noch in Fetzen an ihrem kleinen dünnen Körper. Sie erweckte in mir einen jämmerlichen Eindruck. Keiner der in dieser Umgebung wohnenden Menschen kannte ihren Halter. So nahm ich sie mit und brachte sie zum Tierarzt, was in diesem Fall bitter nötig war. Ich hatte auch den Tierschutz über meinen Fund informiert. Eine der ehrenamtlichen Mitarbeiterinnen, fand den Namen des Katzenhalters heraus und teilte ihm meine Anschrift und Telefonnummer mit. Dieser rief mich an und bezichtigte mich der Entführung seiner Katze. Mit aggressiver Stimme forderte er mich auf, diese umgehend zu ihm in die nächste Stadt zu bringen. Ich wies ihn darauf hin, dass ich seine Katze in einem sehr kritischen Zustand gefunden hatte, diese sich jedoch derzeit noch in tierärztlicher Behandlung befinden würde. Ich gab ihm die Adresse der Tierärztin und informierte diese über den Vorfall. Einen Tag später erfuhr ich, dass dieser Mann seine Katze abgeholt hatte, ohne die Rechnung zu begleichen. Ich rief ihn an und bat ihn darum, mir den Rechnungsbetrag zu erstatten. Hartnäckig weigerte er sich jedoch die Rechnung zu bezahlen. Letztendlich ließ er sie einschläfern, da ihm die Folgekosten für seine chronisch erkrankte Katze, zu kostspielig waren. Das Einschläfern schien ihm leider billiger. Die Rechnung blieb an mir hängen. Zu guter Letzt informierte ich den Tierschutz, mit dem ich meinen Erstkontakt hatte und berichtete ihnen von diesem Vorfall. Jedoch sahen diese „Tierschützer" keinen Handlungsbedarf.

Ein weit aus erfreulicheres Erlebnis machte ich, als ich während meiner Heimfahrt einen Hund von der Straße holte. Ich hatte es im Grunde sehr eilig, da ich einen wichtigen Termin wahrnehmen musste. Es dämmerte bereits, als ich auf der Straße im Wald einen großen Hund auf der Straße hin und her laufen sah. Die Autos fuhren vorsichtig um ihn herum. Ich zögerte kurz, dann bog ich entschlossen auf den nächsten Parkplatz, der gleich in der Nähe lag und ging auf die Straße, um den Hund an seinem Halsband auf den sicheren Waldparkplatz zu bringen. Er trug einen Maulkorb. Ich verfrachtete ihn in mein Auto und verschloss es. Dann ging ich zur Straße zurück, um ein Fahrzeug anzuhalten. Ich erfuhr, dass dieser Hund bereits seit etwa zwei Stunden orientierungslos umherirrte. Die Polizei wurde verständigt. Ich setzte mich in mein Auto und wartete. Nichts passierte, niemand war zu sichten. Mein Termin war inzwischen passé, das würde Ärger für mich geben. Jedoch war es mir wichtiger, dass der Hund zu seinem Halter zurückkehren würde. Eine Stunde später kam eine Frau aus dem Wald. Sie war absolut erleichtert, als sie ihren Hund erblickte. Er war vor einem Wildschwein geflüchtet. Sie schenkte mir 50,- Euro.

# Ein Beispiel von Inseraten gefundener Katzen

## Zugelaufen

Am 07.08.2010 ist in Neckarstei-nach, an der Hauptstraße eine Katze aufgegriffen worden, die sich bereits einige Tage an der vielbefahrenen Straße aufhielt. Leider konnte bisher kein Halter ermittelt werden, da die Katze nicht gechipt ist.

Wer sie vermisst, möge sich bitte bei uns melden, damit er seine Katze abholen kann.

Herr Umsichtig, Telefon, Ort

## Gefunden

Die ca. 2 jährige Katze, Rassemix, wurde in einem schlechten Gesundheitszustand auf unserem Grundstück gefunden und von uns wieder aufgepäppelt. Möglicherweise war sie schon einige Zeit unterwegs. Offenbar hat sie sich verirrt.

Bitte setzen Sie sich mit uns in Verbindung, wenn es Ihre Katze ist.

Familie Kümmerer, Telefon, Ort

# Karami geht stiften

Ich, Karami, blickte mittlerweile schon seit einer Stunde betrübt aus dem Fenster. Das soll nun also mein neues Zuhause sein, na ja. Vier Wochen haben mir meine Leute Hausarrest aufgebrummt. Können Sie sich auch nur im Entferntesten vorstellen, wie sich das anfühlt? Die ganzen Jahre konnte ich in der freien Natur umherspazieren, wie und wann ich wollte. Dann auch noch diese ganzen sperrigen Umzugskisten! Alles ist so beengt. Meine Leute räumen unentwegt Kisten aus und haben seitdem noch wesentlich weniger Zeit für mich als ich es bislang immer gewöhnt war. Wenigstens ist diese Wohnung etwas größer. Aber sie ist so merkwürdig fremd. Hoffentlich darf ich mich heute Mittag da draußen endlich ein wenig umsehen. Bin schon mal sehr gespannt, wie es dort aussieht. Als Kerstin, meine Dosine, mittags von ihrer Arbeit heimkam, wusste ich, es war endlich soweit. Immer wieder schlich ich um sie herum und maunzte sie mit meinem besten „Schmelzblick" an. Schließlich öffnete sie die Tür. Die Luft roch nach Sonne und Freiheit. Ich erblickte eine weite grüne Wiese mit einigen großen Bäumen. Das gefiel mir ausnehmend gut.
Vorsichtig tapste ich durch das weitläufige Gelände. Ich nahm die Spur von anderen Katzen wahr. Plötzlich stand so ein schwarzweiß aufgeplustertes gewuscheltes Etwas vor mir. „Chrcchh" fauchte es mich unfreundlich an und baute sich vor mir auf. Huuu…, da verschwinde ich mal lieber ganz rasch. Wer weiß wozu dieses Hochfellungeheuer noch fähig ist. Für eine Auseinandersetzung stand mir heute wirklich nicht der Sinn, schließlich war ich noch neu in der Umgebung. Ich ging eiligen Schrittes wieder in die neue Wohnung. Erst einmal mein Fell putzen und strategisch überlegen, was zu tun ist. Ich bin halt nicht besonders groß geraten. Dazu falle ich ebenfalls noch durch mein weißes Fell eher auf, als die grau getigerten Katzen. Am nächsten Tag hatte ich mich wieder etwas beruhigt. Abermals erkundete ich die Umge-

bung. Ich erforschte ausgiebig was sich so im Umfeld tat. Diesmal traf ich auf eine andere Samtpfote. Aber auch diese zeigte mir mit arroganter Miene die kalte Schulter. Das kann ja noch heiter werden, dachte ich. Das ging nun die ganze Woche so weiter. Sehnsüchtig dachte ich daran wie ich mich in meinem alten Zuhause mit meinen Katzenkumpels regelmäßig getroffen hatte und wir oft gemeinsam an unserem Lieblingsplatz auf der Wiese vor einem Gartenhäuschen lagen und uns die wärmenden Sonnenstrahlen auf unseren Pelz scheinen ließen. Das waren traumhaft schöne Zeiten. Aber jetzt sah es wahrlich trübe aus. Ich seufzte traurig auf. Nein, am Wetter lag das nicht. Es war in meiner neuen Umgebung eine so unfreundliche Stimmung, wie ich sie noch nie erlebt hatte. Hoffentlich ändert sich das bald, dachte ich. Missgelaunt beobachtete ich die Samtpfoten draußen. Hatte sie inzwischen alle entdeckt. Die plüschige schwarzweiße, die sich immer so aufspielte, die abweisende grau getigerte, den alten mürrischen schwarzen Kater und das nervende rote Fellbündel. Es wurde nicht besser. Da traf ich trotz nagender Zweifel einen folgenschweren Entschluss. Am nächsten Tag war ich besonders freundlich zu meinen Leuten. Sie ahnten nicht was ich vor hatte. Ich verputzte all mein Futter das ich in der Frühe erhielt auf einmal und hinterließ keinen noch so winzigen Krümel. Dann begab ich mich auf die Reise. Ja, ich wollte wieder in mein altes Zuhause zurück, nur das war mein Ziel. Meine alten Kumpels wieder zu treffen, mich mit ihnen austauschen und die gemeinsame Vertrautheit spüren. Ich fühlte eine freudige Erwartung und lief einfach darauf los.

*Hätte ich gewusst, was mich erwarten würde, hätte ich mich wohl lieber in mein gemütliches Körbchen im neuen Wohnzimmer gesetzt.*
*Unglaublich was ich alles erfuhr und erleben musste.*
*Mehr verrate ich Ihnen später noch.*

# Fakten über vermisste Katzen

Derzeit ist mir keine zuverlässige Statistik über vermisste Katzen bekannt. Zwar kann man auf der Homepage von Tasso und anderen Webseiten etwaige Zahlen und Fakten entnehmen, dabei sind die Zahlen eher schwankend. Es ist jedoch leider wie immer, dass die Dunkelziffer nicht erfasst werden kann. Insbesondere Freilaufkatzen sind vielerlei Gefahren ausgesetzt, wie beispielsweise im Straßenverkehr, durch Jäger, Tierfänger (Altkleidersammlung), anderen Tieren, Unfällen wie das Ertrinken in Wassertonnen, offenen Schwimmbecken, oder des versehentlichen Einsperrens in Garagen, Kellerschächten, ferner in fremden Wohnungen mit Terrasseneingang.

Übrigens, die niedlichen „toten" Pelztierchen auf Märkten (Weihnachten, etc.) könnten aus Tierfellen stammen.

Bei einer allgemeinen Statistik werden in Deutschland etwa 2 Millionen, in Österreich ca. 1,5 Millionen und in der Schweiz ungefähr 1,4 Millionen Katzen in Haushalten vermutet. Jedes Jahr verschwinden davon etwa 10 Prozent der Tiere.

Über folgende Daten, erfasst in einer dafür speziell kreierten Datenbank, könnte man durch eine Analyse über das Verschwinden und Wiederfinden von Haustieren, die Gefahren, Umstände und mehr berichten, um damit Maßnahmen dagegen zu ergreifen, soweit es einem möglich ist. Um groben Unfug des Nutzens der Datenbank vorzubeugen, wäre es sinnvoll die Anwender dieser Datei als Mitglieder kostenfrei zu erfassen. Ein kleiner Hinweis auf Spendenbitten, stellt eine Aufwandsentschädigung dar.

Diese Datenbank könnte ungefähr folgendermaßen aufgebaut werden:

| Datenbank für vermisste Haustiere | |
|---|---|
| **Datum der Eingabe:** | |
| **HALTERDATEN:** Adresse des suchenden Halters Name, Straße, PLZ, Ort, Telefon, Handy, Fax, (Sichtbar nur die Telefonnummer) | |
| **TIERDATEN:** Registriernummer oder Tätowierungskennzeichen rechtes Ohr und linkes Ohr: | |
| Bild des verschwundenen Tieres: Einfügen als Bilddatei | |
| Rasse: | |
| Besondere Merkmale: | |
| Name des Tieres: | |
| Alter: | |
| Etwaiges Datum des Verschwindens: | |
| Näheres Umfeld bzw. bisheriger Aufenthalt: | |
| Besondere Situation des Verschwindens: (z.B. entlaufen beim Tierarzt, etc.) | |
| Evt. Belohnung angeben, empfohlen ist nur ein geringer Betrag, wegen Gefahr der Erpressung: | |
| Spezielle Mailadresse, auf die der Finder eine Nachricht an den Suchenden senden kann: | |
| Lebend, verstorben: Ja / Nein- Option | |

Dieselbe Datenbank kann darüber hinaus im Umkehrschluss für gefundene oder zugelaufene Haustiere verwendet werden.

| Datenbank für gefundene Haustiere | |
| --- | --- |
| **Datum der Eingabe:** | |
| **Finderdaten:** Adresse des suchenden Halters wie Name, Straße, PLZ, Ort, Telefon, Handy, Fax: (sichtbar nur die Telefonnummer) | |
| **TIERDATEN:** Registriernummer, bzw. Tätowierungskennzeichen rechtes Ohr und linkes Ohr: | |
| Bild des verschwundenen Tieres: Einfügen als Bilddatei, wenn möglich | |
| Rasse: | |
| Besondere Merkmale: | |
| Name des Tieres: | |
| Alter: | |
| Finderdatum: | |
| Fundort: | |
| Angabe über Zustand des Tieres: (gesund, verletzt, Art der Verletzung, wohlgenährt, abgemagert) | |
| Art des Versterbens: (Straßenverkehr, sonstiges) | |
| Spezielle Mailadresse, auf die der Suchende eine Nachricht an den Suchenden senden kann: | |

Mit diesen Daten kann man durch bestimmte Abfragen möglicherweise Zusammenhänge von Tierschwund, orts- bzw. ereignisbezogen herausfiltern. Diskussionsforen bieten die Möglichkeit, eigene Ideen einzubringen, wie man die Gefahren des Verschwindens für seine Haustiere minimieren kann. Trotz aller Statistiken ist für jeden Katzenhalter eine vermisste Katze immer eine zuviel.

## Piet alias Carlos

*Du liebe Güte, wie bin ich denn nur an diesen Ort geraten? Jetzt sehe ich vor lauter Bäumen nicht mehr wo ich wirklich bin und finde meinen Weg auch nicht mehr. Dabei bin ich doch eben erst aus einem Auto gehüpft, das mich unfreiwillig mitnahm. Hier ist alles so fremd! Nun dunkelte es auch noch. Ich beeilte mich um eine kleine geschützte Grube zu finden, in der ich mich einrollen konnte, um ein kleines Nickerchen zu halten. Die unbekannten nächtlichen Geräusche hinderten mich lange an meinem nötigen Erholungsschlaf. Ich bibberte vor Angst. Am nächsten Morgen fühlte ich mich wie gerädert. Mein Magen knurrte unangenehm laut vor Hunger. Wo war meine Mami? Gerade jetzt vermisste ich sie und auch mein Brüderchen schmerzlich. Ihr könnt es mir wirklich glauben, ich fühlte mich einsam und verlassen. Meiner gestrigen Neugier wich nun eine aufkeimende Angst die sich immer mehr in mir ausbreitete, die beiden nie wieder zu sehen. Da vernahm ich auf einmal Menschenlaute, sie kamen von weit vorne. Hoffnung schöpfend tapste ich in Richtung der Kinderstimmen. Als die Kinderschar mich erblickte, brach sie in helle Begeisterungsrufe aus. Eins von ihnen nahm mich sofort hoch auf seinen Arm und trug mich zu einem am Waldrand gelegenen Haus. Dort erhielt ich von der Mutter des Kindes als erstes ein Schälchen mit Wasser. Sowie ich meinen Durst gestillt hatte, nahm ich Platz auf einem weichen Kissen, welches extra für mich bereitgelegt wurde. Während ich mich zu putzen begann, so wie meine Mami es mich gelehrt hatte, schnappte ich folgendes Gespräch auf: „Der kleine Rotgestreifte kann nicht bei uns bleiben, denk doch nur was für ein Zirkus unser Hund aufführt, wenn er den Kater zu Gesicht bekommt", sagte die Frau. „Was machen wir nur?" fragte der kleine Junge seine Mutter. Sie überlegte kurz. Dann griff sie zum Telefonhörer, wählte eine Nummer und wartete wieder. In diesem Augenblick brachte mir der Junge zur Stärkung eine kleine Portion Hühnchen*

und streichelte mich kurz über mein Köpfchen. Gierig schlang ich das Hühnerklein in mich hinein. Schließlich hatte ich seit einem Tag nichts mehr in meinem Magen. So, jetzt war ich satt und einigermaßen zufrieden. Aber was war das? Die Mutter hob mich hoch und setzte mich in einen Karton mit Löchern. Was in aller Welt hatte sie mit mir vor? Wieder machte ich die Fahrt in einem Auto mit. Nur ein wenig später war ich in einer anderen Wohnung. Eine junge Frau öffnete den Karton und lächelte mich freundlich an. „Na", meinte sie, „dein Plätzchen finden wir gewiss noch, versprochen". Prüfend notierte sie das Zeichen der frischen Tätowierung an meinem Öhrchen auf einen Zettel. Danach telefonierte sie. Ich verstehe einfach nicht, dass die Menschen sich fast ohne Unterbrechung stundenlang mit irgendwelchen toten Geräten unterhalten. Inzwischen lief ich suchend in ihrer Wohnung umher. Es roch nach anderen Katzen, jedoch war keine zu sehen. Da kam sie auf mich zu und trug mich in die Küche. Sie setzte mich in einen größeren mit Decken ausgelegten Karton. Vor mir standen jeweils ein Schälchen mit Katzenfutter und separat eines mit Wasser. In einer anderen Ecke hatte sie ein Katzenklo für mich gerichtet. Ich bemerkte ein Geräusch und drehte mich um - ebenso überrascht wie ich, stand da die Katze des Hauses, eine große kräftige, grau getigerte Katzendame die mich entsetzt anblickte. Freundlich machte ich einen kleinen tapsigen Schritt auf sie zu. Wusch - hätte ich mich nicht flink geduckt, so hätte ich ihre Krallen zu spüren bekommen als sie nach mir schlug. Rasch bugsierte die junge Frau ihre wenig gastfreundliche Katze aus der Küche und schloss die Tür. Zwei Tage lang kümmerte sich diese Dame um mich. Fütterte mich und spielte mit mir. Wenn sie die Tür schloss, das bemerkte ich, bekam die andere Katze ihre Aufmerksamkeit. Am Abend des dritten Tages klingelte es an der Tür. Als diese geöffnet wurde, machte ich vor Überraschung einen Satz zur Seite. Nach dem ersten Überraschungsmoment sauste ich auf mein Frauchen zu. „Mau, endlich hast du mich gefunden!!" schrie ich sie in meiner

Katzensprache glücklich an. Auch die Kinder meiner Familie waren dabei. Juchu, ich würde endlich wieder meine Katzenmami und mein Brüderchen sehen. Das Leben war so schön.

# Warum verschwinden Katzen?

Manche Samtpfoten verschwinden freiwillig. Es kann sein, dass sich diese Katzen zuhause nicht besonders heimisch fühlen und sie deshalb einen anderen Halter suchen und finden, der ihre ganz eigenen Bedürfnisse besser erfüllen kann. In diesen Fällen haben die Katzenhalter offensichtlich zuwenig Zeit, es gibt zuviel Unruhe und Unregelmäßigkeit, zuviel Streit, oder die Versorgung für die Fellnasen ist nicht gut genug.

Bei Besuchern die ihre Hunde mitbringen, ist besondere Vorsicht geboten. Sehr sensible Katzen können in der Annahme, dass dieser für sie bedrohliche Hund augenblicklich einzieht und ihnen den Platz streitig macht, für immer verschwinden, besonders dann wenn dieser dazu noch ein ohrenbetäubend, lautes Bellkonzert anstimmt, was für empfindsame Katzenohren unerträglich ist. Ein absolutes „NO GO" ist, wenn er die Samtpfote durch die Wohnung jagt.

Ebenfalls sind zu viele Leute bzw. Besucher in der Wohnung für Katzen derweilen unangenehm. Besonders bei gewissen übermütigen Zeitgenossen, die dumme oder gefährliche „Späßchen" auf Kosten der Katze machen oder diese gar in höchste Verletzungs-, oder Lebensgefahr bringen.

So einige „Secondhandkatzen" können aufgrund traumatischer Ereignisse keine langfristige und vertrauensvolle Bindung zu ihren neuen Menschen aufbauen. Sie neigen daher eher dazu, irgendwann zu verschwinden und sich ohne ihre Menschen durchzuschlagen, wenn die längerfristige Bindung fehlt. Andere haben ein umtriebigeres Wesen und möchten sich aus verschiedenen Gründen nicht festlegen. Nachbarn kochen besser, anderes Katzenfutter ist köstlicher als das welches ihnen im eigenen Zuhause vorgesetzt wird.

Manchmal geraten Katzen durch Erschrecken, Verscheuchen durch andere Tiere, oder dem davongejagt werden von den Menschen in eine Situation, aus der sie den Weg nach Hause nicht mehr wieder finden, oder sie sitzen irgendwo fest. Sie können sich an einem Platz verfangen, aus dem sie nicht mehr herausfinden, wie bekanntlicherweise Kellerschächte, Garagen, fremde Wohnungen, breite Rohre. Selbst infolge von Unglücken wie bei Naturkatastrophen (Erdbeben, Orkane, Überschwemmungen oder Brände, etc.) haben Haustiere in der Vergangenheit ihre Gesundheit oder ihr Leben gelassen.

Aufgeschreckt durch die Verfolgungsjagd von Hunden oder Wildtieren, kann die Katze ihre Orientierung verlieren. Kritisch kann es werden, wenn fremde Katzen ständig Revieransprüche geltend machen und ihre Samtpfote zu vertreiben versuchen. In seltenen Fällen mobbt fieserweise zu allem Überfluss auch noch die eigene Katzensippe. Derweilen wird die Samtpfote bedauerlicherweise durch gemeine Familienmitglieder, Lebenspartner oder Nachbarn vertrieben.

Ebenfalls verschwinden die Fellnasen mitunter durch Verkehrsunfälle oder Stürze aus Fenstern oder von Balkonen. Sie können sich in Zäunen oder weggeworfenem Müll verfangen und jämmerlich verhungern oder an ihren Verletzungen sterben.

Kidnapping durch Tierfänger kommt leider genauso vor, wie ebenfalls das versehentliche Einsteigen in fremde Autos.

In einigen anderen Fällen verschwanden Katzen die sehr alt oder krank waren, um sich zum Sterben zurück zu ziehen.

# Fiona

„Aha, meine Dosine ist gerade wieder dabei ihre Kleider auszusortie-
ren. Das möchte ich mir wirklich nicht entgehen lassen. Schließlich,
denke ich, wird sie ganz sicherlich meine Hilfe und meinen Rat dafür
benötigen. So setzte ich mich erst einmal auf ihren Schreibtisch, um sie
bei ihrem Vorhaben zu beobachten. Natürlich tat sie sich wie meistens
sehr schwer mit der Auswahl, was bleibt und was entsorgt wird. Da
schellte es an der Tür. Schnell warf sie die ausgewählten Kleider in den
Schrank und lief eilig zur Tür. Es war eine ihrer Freundinnen, die bei
meiner Dosine stets in den unpassensten Momenten, unverhofft vor
ihrer Tür stehen und sie dann stundenlang in Beschlag nehmen. Das
konnte nun Ewigkeiten dauern. Neugierig wie ich war, begab ich mich
zum achtlos zusammengeknüllten Kleiderstapel in das Schrankinnere,
um zu prüfen, ob sich das eine oder andere Kleidungsstück zum darauf
liegen für mich eignen würde. Oh, was für einen schönen, weichen Pulli
entdeckte ich gerade. Da musste ich mich einfach hineinkuscheln. Ge-
nüsslich tretelte ich mit meinen breiten Pfötchen auf dem Pullover.
Plötzlich kam Fiona zurück und schloss die Schranktür. Ich war so verdutzt, dass mir mein „Mau" in meinem Hälschen steckenblieb. „Ich bin
doch im Schrank, mach bitte wieder auf", maunzte ich flehend nach
der ersten Schreckminute. Aber sie saß wieder im Wohnzimmer und
quatschte Wörter in die Raumatmosphäre, was das Zeug hielt. Am
Abend, einige Stunden später, hörte ich meine Dosine wie sie in ihrer
Wohnung nach mir suchte. Dann ging sie erneut lange nach draußen
und rief suchend mehrmals meinen Namen. „Menschenskinder, ich bin
doch hier im Schrank, du musst nur richtig suchen", miaute ich entnervt. Doch offensichtlich schien sie stocktaub und zudem noch
schlechtsichtig zu sein. Schließlich schlief ich irgendwann ein. Zu spät
bekam ich mit, dass sie den Kleiderschrank in dem ich unfreiwillig verweilte, öffnete und suchend ihren Blick durch das Schrankinnere glei-

*ten ließ. Da ich unter einem dunklen Pullover lag, übersah sie mich leider. Als ich die offene Schranktüre bemerkte, wollte ich gerade mein Köpfchen heben, aber da war die Tür auch wieder geschlossen. In der gesamten Wohnung ging das gleiche Spiel los. Wieder öffnete sie alle Türen und schloss diese unverrichteter Dinge. Sie suchte und rief mich weiterhin. In der Nacht verließ sie abermals des öfteren die Wohnung und suchte weiter nach mir. Ich seufzte. Da half mir nur noch meine allseits bekannte Stärke – nämlich meine unerschütterliche Geduld mit meiner Dosine, um das Warten bis sie mich denn endlich finden würde zu überstehen. Hoffentlich kommt ihr noch mal der glorreiche Gedanke genauer und intensiver in dem Kleiderschrank nach mir zu suchen. Ich wartete.*

*Am nächsten Morgen war ich natürlich nicht zu meinem üblichen Weckdienst bei ihr erschienen, wie denn auch – ich saß ja, dank der Schwerbegrifflichkeit meiner Dosine immer noch in deren Kleiderschrank fest. So überlegte meine übernächtigte Dosine gründlich nach, wo sie mich das letzte Mal gesehen hatte.*

*Wieder lief sie verzweifelt durch die Gegend und rief nach mir, inzwischen klang ihre Stimme sehr unglücklich. Sie setzte sich hin und überlegte nochmals ganz genau, wo ich mich sonst immer aufhielt. Sie ging alle Ereignisse durch. Was hatte sie in den letzten eineinhalb Tagen getan? Da fiel es ihr siedend heiß ein. Ja, das könnte es sein. Sie betrat ihr Gästezimmer und öffnete nochmals die Tür des Kleiderschrankes. Lange blickte sie auf den am Schrankboden liegenden Kleiderstapel und tastete sich durch die Pullover. Da regte ich mich schnell aus einem Wulst von Kleidern und schaute sie verschlafen an. „Mau" war mein einziger Kommentar zu ihrer Begriffsstutzigkeit. Mehr Worte fand ich in diesem Augenblick nicht, denn außer sich vor Freude, drückte sie mich fest an ihr Herz und ging eiligen Schrittes in die Küche um mir etwas Leckeres auf den Teller zu legen.*

# Sicherheitsmassnahmen gegen das Verschwinden von Katzen

Selbst wenn wir wissen, dass Katzen verschwinden können, nehmen wir immer an, dass uns dies sicherlich niemals passieren wird. Leider bereiten wir uns aus diesem Grund nie auf den Ernstfall vor, bis es dann zu spät ist, im Vorfeld noch Maßnahmen zu treffen, um viele Gefahren und damit auch das Verschwinden des Tieres zu verhindern.

Wie wir vorbeugend wirken können, ist nachfolgend aufgeführt:

Gewohnheiten:
Wie ihre Menschen die Tagesgewohnheiten pflegen, haben ebenfalls auch Samtpfoten ihre täglichen Rituale. Dazu zählen natürlich die Mahlzeiten, die Spiel-, und Streicheleinheiten, das Pflegen des Fells und natürlich passen sich die Katzen im übrigen an die Anwesenheitszeiten der Menschen an. Sie hören z.B. genau wann ihre Halter gerade auf ihren Parkplatz oder in die Garage fahren. Geräusche spielen hierbei eine wesentliche Rolle, so wie das Hochziehen eines Rolladen und natürlich die Stimmen der Menschen. Dazu gehören spezielle Futterzeiten prägen ihnen die Zeit ein, beispielsweise der helle Glockenklang als Ruf zu den Mahlzeiten, oder das Rascheln mit der Leckerlibox.

Gefahrenminimierung in der Wohnung:
- Katzenschutznetze oder Schutzgitter für Fenster und Balkontüren fachgerecht anbringen und regelmäßig auf deren Dichtigkeit überprüfen.
- Katzenklappe von Zeit zu Zeit prüfen. Es kam schon vor, dass man eine Katzenklappe versehentlich verschloss und die Katze nicht in die Wohnung konnte. Währenddessen wunderte sich der Tierhalter, wo denn nur seine Katze wieder blieb.

- Länger offen stehende Schränke, die später geschlossen werden, vorher auf deren Inhalt überprüfen, denn Katzen verstecken sich zu gerne in Schränke und Nischen.
- Da so manche Katzen Türklinken bearbeiten können bis die Tür aufgeht, kann man dagegen spezielle Griffe anbringen.
- Waschmaschinentrommel vor in Gebrauchnahme prüfen.
- Bei Partys seine Katzen am besten in ein separates, für Gäste nicht zugängliches Zimmer (mit Futter, Decke, Katzentoilette) unterbringen.

Gefahrenminimierung im Hausgebäude:
- Aufmerksame und hilfsbereite Nachbarn sind Gold wert, erweisen Sie ihnen gegenüber aus diesem Grund zumindest eine entsprechende Höflichkeit. Das bedeutet für Sie, rechtzeitig einen guten Kontakt zu Nachbarn aufbauen, selbst dann wenn einem diese nicht perfekt scheinen.
- Kellertüren oder Dachluken schließen und diese Räumlichkeiten regelmäßig überprüfen. Auch im Keller wurden schon verhungerte und sterbende Katzen gefunden.

Gefahrenminimierung außerhalb des Hauses:
- Bevor man losfährt, empfiehlt es sich einen Blick unter sein Auto werfen.
- Als Fluchtmöglichkeiten vor Hunden, könnten Sie Büsche oder Bäume in der Nähe des Zuhauses, als Versteckmöglichkeiten pflanzen oder sichere Katzenhütte aufstellen. Sinnvoll ist die Installation einer Katzenklappe.
- Aufmerksamkeit bei Fremden walten lassen, besonders bei Lieferfahrzeugen, die verdunkelte Fenster haben.
- LKW's wie Umzugs- und Lieferwägen im Auge behalten.

- Verkehrsberuhigte Zonen fordern, gemütliche Plätze für die Samtpfote in der Nähe schaffen, aber so, dass die Katze jederzeit flüchten kann ohne in Bedrängnis zu geraten.
- Außengelände ablaufen und auf mögliche Gefahren prüfen.

Gefahrenminimierung beim Katzentransport:
- Lieber zweimal prüfen, ob die Türen und Riegel des Transportbehälters richtig verschlossen sind.
- Bei der Auswahl der Transportboxen unbedingt auf deren Qualität achten. Achtgeben beim Gehen mit einer Transportbox. Wenn man stolpert und stürzt, kann die Box zerbrechen und die erschreckte Katze flüchten.

Gefahrenminimierung bei Umzügen:
- Ein erhöhtes Risiko besteht beim Einräumen des Haushaltes und beim Auspacken in der neuen Wohnung.
- Bedauerlicherweise verschwinden immer wieder Katzen, die nach einem Umzug zu früh herausgelassen werden. Ein Hausarrest von mindestens vier Wochen mindert die Gefahr dafür enorm. Falls der Katzenhalter die zum Herzerweichen nach Freiheit schreiende Katze kaum noch ertragen kann, hilft möglicherweise Baldrian oder Ohrenstöpsel. Mit einer Katzenleine für erste Ausflüge, kann die Katze langsam an ihre Umgebung gewöhnt werden.
- Ist sie dennoch ausgebüxt, könnte sie sich auf den Weg in ihr altes Zuhause machen. Verlassen Sie sich bitte nicht darauf, dass ehemalige Nachbarn oder Ihr Vermieter sie darüber informieren, wenn Ihre Katze dort aufkreuzt und kläglich um Einlass bittet.

Gefahrenminimierung anderer Art:
- Chipimplantation und den Eintrag in das Tassozentralregister. Die Tassonummer sollte man nach einer gewissen Zeit auf deren Richtigkeit

und Vollständigkeit prüfen, nur so weiß man, dass man sich darauf verlassen kann.

- Liste von vertrauenswürdigen, erfahrenen Katzensittern anlegen die man kurzfristig engagieren kann, wenn man plötzlich Überstunden leisten muss oder der Schichtdienst kurzfristig gewechselt wird.
- Oft passieren in der Eile Fehler, z.B. man übersieht, dass die Katze unbemerkt zur Wohnungstür herauswitscht.
- Fertigen Sie ein Foto an, welches aktuell ist, auf der Ihre Katze sehr gut zu erkennen ist.
- Legen Sie vorsichtshalber einen kleinen Steckbrief mit typischen Merkmalen an. Wo sind die besonderen Kennzeichnungen und Färbungen, etwa auch an den Pfötcheninnenseiten.
- Kümmern Sie sich liebevoll um Ihre Katze, damit diese nicht in Gefahr gerät, abwandern zu wollen. Bei Mehrkatzenhaushalten können gerade durch Eifersüchteleien Katzen verschwinden. Gerecht verteilte Aufmerksamkeit hilft dies zu vermeiden.
- Wenn man die Maunzlaute seiner Katze, der Mitkatzen, oder ihrer Kitten auf einem Diktiergerät speichert, hat man eine weitere Option die bei der Suche hilfreich ist.

---

**Achtung:**
**Halsbänder bei Katzen stellen eine große Gefahr des qualvollen sich selbst Erhängens, durch das Verfangen in Ästen oder Zäunen dar. Halsbänder mit Adressen sind ebenfalls ein Risiko, falls die Katze in falsche Hände gerät.**
**Auch selbstöffnende Katzenhalsbänder sind nicht hundertprozentig sicher.**

# Gipsy

Mir gefiel es im Grossen und Ganzen relativ gut bei meiner Halterin. Mein Frauchen finde ich ganz nett. Nur bin ich durch mein unbeständiges Temperament viel in meiner näheren und weiteren Nachbarschaft unterwegs. Nach meinen unzähligen und aufregenden Streifzügen, fand ich mich mehr oder weniger regelmäßig zu den üblichen Mahlzeiten, in mein von mir vorübergehend gewähltes Heim ein. Sie kennen dies sicherlich, die erste Wohnung muss nicht für immer sein. Selbst Sie haben ganz bestimmt Kompromisse geschlossen, bis Sie Ihre Traumwohnung fanden, oder etwa nicht?
Eines Tages tauchte ich einfach nicht mehr auf. Tag für Tag suchte meine Dosine mich bereits seit etwa drei Wochen. Aus irgendeinem Grund machte sie sich aber keine Sorgen um mich, da ich bereits in der Vergangenheit öfters eine Auszeit nahm. Typisch Mann, dachte sie wohl sicherlich, er geht wahrscheinlich sein Katzengras holen. Wie es der Zufall will, laufen einem irgendwann in seinem Leben vermisste Personen über den Weg, wenn man lange nicht mehr an sie denkt. Etwa ähnlich war es auch in meinem Fall. Meine Halbdosine entdeckte mich bei einem ihrer ausgedehnten Spaziergänge in einem Viertel, dort wo die „gut betuchten" Herrschaften ihre Villen bewohnten. Stolz kam ich ihr entgegen. Ich hatte mich verändert. Ausgezeichnet gut sah ich aus. Nicht nur dass mein schönes Fell noch mehr glänzte als sonst, nein, ich trug zudem noch ein edles rubinrotes Halsband, welches mit kleinen Strasssteinen besetzt war. Irgendwie wirkte ich erhabener als sonst. Huldvoll ließ ich mich von meiner ehemaligen Dosine über mein samtweiches Fell streicheln. Sie wusste nun dass ich mich für ein anderes Zuhause entschieden hatte und ließ mich gehen. Schließlich war ich ein freier Kater. Bestimmt würde ich gelegentlich bei ihr zu Besuch vorbeischauen, wenn meine Verpflichtungen es mir erlauben.

## Ab welchem Zeitraum gilt die Katze als verschwunden?

Oft hängt dies von der Persönlichkeit der jeweiligen Katze ab, beziehungsweise von der Einstellung ihrer Halter zu ihren Katzen. Die einen Samtpfoten haben einen kürzeren täglichen Aufenthalt draußen und sind plus/minus einige Minuten zu ihren Futterzeiten wieder zurück, die anderen genehmigen sich schon einmal 1-2 Tage für das Ausleben ihrer Eigenständigkeit.

Die sehr freiheitsliebenden Katzen können schon mal 4 Tage bis 2 Wochen unterwegs sein. Besonders dann, wenn sie nicht sterilisiert oder kastriert sind. Manchmal hat der Halter ein unergründlich merkwürdiges Gefühl, so als ob sich seine Samtpfote in Not befinden würde, was jedoch nicht von der Verschwindenszeit abhängt. Er kann das schon ernst nehmen. Lieber zweimal zu viel nach ihr suchen als einmal zu wenig. Ist die Katze über ihre gewohnten Abwesenheitszeiten verschwunden, ist es ratsam nach der Samtpfote Ausschau zu halten und sie hoffentlich auch wohlbehalten zu finden.

In diesem Fall spielt natürlich mitunter die Einstellung der Katzenhalter zu ihrer Fellnase eine nicht unwesentliche Rolle. Unter diesen jeweilig besagten Katzenhaltern befinden sich mehr, wie auch wesentlich weniger besorgte Menschen. Die sehr ängstlichen Persönlichkeiten neigen in Ausnahmefällen dazu, stündlich nach ihrer Katze Ausschau zu halten, während gleichgültigere, erst nach einer Woche beginnen zu realisieren, dass ihre Katze vielleicht verschwunden sein könnte.

# Gimmy

Erst seit kurzem lebte ich mit meinem Halter in einer Wohnungsge-
meinschaft. Vom siebten Haus in dieser Straße, wurde ich nun in das
dritte Haus am Straßenanfang einquartiert. Mein Halter Ralph kümmerte sich ausgezeichnet gut um mich. Gelegentlich tapste ich bei
meinem alten Halter vorbei. Jedes Mal, wenn ich dort ankam, waren
alle Türen des Hauses verschlossen. So wanderte ich eben durch den
schönen Garten. Warum dieser Garten so schön war? Nun, dafür wurde
ein fleißiger Gärtner bezahlt. Beinahe jeden Tag verweilte ich dort für
ein paar Stunden, in der Hoffnung, dass sich die Türe zu meinem ehemaligen Zuhause öffnen würde. Aber wie jeden Abend marschierte ich
unverrichteter Dinge zurück in mein neues Zuhause, um mich mit le-
ckeren Brekkies zu stärken. Ralph ahnte nichts von meinen Ausflügen.
So ging das etwa ein halbes Jahr. Nach und nach, stellte ich meine er-
folglosen Stippvisiten ein. Ich hatte mich inzwischen gut in meinem
neuen Zuhause eingelebt und genoss den beginnenden Sommer in
vollen Zügen. Eines Tages schlenderte ich wieder an dem alten Zuhause
vorbei. Da sah ich, dass einige Leute geschäftig hin- und herliefen. Ich
erspähte, dass die Türe zum Haus offen stand. Ich zögerte noch etwas,
aber dann nutzte ich die Gelegenheit und schlich klammheimlich in
jenes Haus. Es stand alles noch an seinem Platz. Eine Dame in der großen Eingangshalle war so mit Putzen und Staubsaugen beschäftigt,
dass sie nicht bemerkte, wie ich mich an ihr vorbei schlich. Der Lärm
des Staubsaugers veranlasste mich zur Flucht in den zweiten Stock des
großen Hauses. Hinter dem alten Sekretär auf dem Flokatiteppich rollte ich mich zu einem Nickerchen ein. Dort war ich vor diesem ohrenbe-
täubenden Lärm gut geschützt. Als ich erwachte, war es himmlisch
ruhig, verdächtig ruhig. Zeit für mein Abendessen, dachte ich mir. Will
mal sehen, was Ralph mir heute auftischt. Mein Hunger machte sich
bemerkbar. Ich streckte mich, gähnte noch einmal kurz und tippelte

zur Tür herunter – aber diese war verschlossen. Ich suchte im Haus nach einem Menschen, der sie mir öffnete, aber ich fand niemanden mehr. Ich war mutterseelenallein in diesem großen Haus. Eine leichte Panik beschlich mich. Ich wollte raus! Mir wurde ganz schön bange bei dem Gedanken, hier nie wieder herauszukommen, einfach vergessen zu werden. Doch das Haus schien wie ausgestorben. Hilfe, man hatte mich eingesperrt. Ich wünschte mir sehnlichst, dass Ralph mich schleunigst hier befreien würde. Jetzt stellen Sie sich einmal vor, Sie sind fast drei Tage in einem Gebäude eingesperrt ohne Mahlzeiten, fast ohne Wasser und ohne tröstenden Zuspruch. Das ist einfach nur unfassbar beängstigend. Wo bleibt denn hier nur der Tierschutz! Später erfuhr ich, dass Ralph das ganze Dorf mobilisiert hatte, um mich zu finden. Hätte er doch einfach nur die Reinigungsfrau gefragt, aber die war ja nicht da. So hörte sich mein Dosenöffner so manchen dummen Kommentar an wie „Das war ja so eine schöne Katze", „Die taucht nie mehr auf", „da oben gibt es einen Katzenhasser", „ist ja bloß ein dämliches Katzenvieh", „was für ein unnötiger Aufwand". Aber mein Halter gab nicht auf. Die Sicherungsanlagen im Haus trickste ich zu meinem eigenen Unglück selber unwillentlich aus. Wäre ich in den Suchsensor getapst, hätte dieser den für mich befreienden Alarm ausgelöst. Nach flehentlichen Bitten von Ralph an den reichen Hausherrn dieses Anwesens, sorgte dieser dafür, dass sein leerstehendes Haus noch einmal begangen wurde, um mich zu finden. Als sich nach dem vierten Tag die Haustür öffnete, schoss ich in Eilgeschwindigkeit ins Freie. Nach der ersten Erleichterung, rannte ich in mein Zuhause, mein neues zurück. Glücklicherweise konnte ich unter dem Rolladen, der etwa 20 cm bei geöffnetem Fenster hochgezogen war, durchkommen. Aha, da stand auch mein Futter bereit – Trockenfutter. Am Abend kam mein übernächtigter und entnervter Katzenhalter von seiner Arbeit nach Hause. Sowie er mich sah, brach er in einen Freudenjubel aus und streichelte mich unentwegt. Es ist wohl unnötig zu erwähnen, dass ich an

diesem Abend ein üppiges Festmahl erhielt, was ich mir hungrig ein-
verleibte. An diesem Tag wurde mir auch endlich klar, dass ich definitiv
sicher an meinen neuen Platz gehörte und mich dort wohlfühlte. Mein
bisheriges Leben bei dem letzten Haltern war von nun an endgültig
vorbei.

# Was tun wenn die Katze verschwindet?

Meist sind die Halter wenn sie ihre Katze vermissen, in hellster Aufregung und gehen aus diesem Grund nicht immer besonnen und systematisch vor. In dieser Situation übersieht man leicht Wesentliches und macht gravierende Fehler, die das Auffinden der verschwundenen Katze erschweren oder völlig unmöglich machen.

Bei Katzen die kastriert sind, wird von einem Reviergebiet zwischen 100 bis 300 Meter ausgegangen. Sind die Katzen unkastriert, nimmt man eine Reviergröße bis zu einem Kilometer an. Bei „aktiven" unkastrierten Katern erweitert sich der Wirkungskreis um einige Quadratkilometer.

Ebenfalls können auch in Urlaubszeiten Katzen in offenstehenden Wohnungen, Autos und Campingfahrzeugen verschwinden, wenn die Leute am Einpacken ihres Reisegutes sind. Die Gefahr ist dann, dass die Katze solange fort sein kann, wie diese Leute ihren Urlaub machen – dann kann es schon zu spät sein. Beruhigend ist es, wenn Sie dann wissen, wie die jeweiligen Nachbarn (bitte nur im Notfall) zu erreichen sind.

Ein weiteres Problem entsteht, wenn die verschwundene Katze chronisch krank ist und ihre Medikamente benötigt, verletzt oder vor kurzem operiert wurde und noch einer gewissen Schonzeit bedarf.

**Sie haben unterschiedliche Methoden um Ihre Katze zu finden:**
1.  Die einen gehen ohne zu überlegen instinktiv den richtigen Weg, so als ob eine Telekommunikation Sie leiten würde.
2.  Die anderen fragen sich durch die nähere Umgebung.
3.  Die dritten gehen systematisch vor: Innenplätze absuchen, Schränke und Verstecke prüfen. Die Lieblingsplätze, Außenplätze und nähere Umgebung im Umkreis von 100-500 m durchsuchen.

4. Nutzen von Telekommunikation, Dienste der Wahrsager und der Tierkommunikatoren in Anspruch nehmen.

5. Anruf bei Tierheimen, Auffangstationen und einen persönlicher Besuch vornehmen, bei dem Sie am besten gleich ein Bild und die Suchanzeige Ihres Tieres mitbringen. Achtung: Tiere können derweilen vom Finder verzögert abgegeben werden. Gefundene Tiere werden im Tierheim nur eine gewisse Zeitlang als vermisst oder gefunden angegeben, danach stehen sie zur Vermittlung frei.

6. Zettel, Plakataushang mit Abreißzettel an geeigneten Stellen. Achtung: vorher die zuständigen Personen fragen, da dies eine Ordnungswidrigkeit darstellen kann oder als wildes Plakatieren gewertet wird, selbst wenn es sich um eine Suchaktion handelt. Prüfen Sie öfter nach ob die Zettel noch dort hängen, wo Sie sie angebracht haben. Regen kann die Schrift verwischen, Zettel können von anderen in mutwilliger Dummheit abgerissen werden.

7. Nächtliche Spaziergänge und gut hörbares Sprechen, damit Ihre Katze Sie hört, wenn Sie in ihrer Reichweite sind und Ihnen antworten oder entgegenkommen kann.

8. Schütteldose, vertrautes Geräusch in Verbindung mit Futter bei Ihrer Suche mitnehmen.

9. Diktiergerät mit dem Gemaunze Ihrer Katze oder der Mitkatzen (muss vor dem Verschwinden aufgenommen sein).

10. Einen Presseaufruf starten.

11. Über Tasso und andere Internetseiten suchen.

12. Mit einem Spürhund nach der Katze fahnden.

13. T-Shirt mit Suchanzeige der Katze tragen.

14. Ein Peilsender bzw. die Anwendung eines Ortungsgerätes, welches im Handel erhältlich ist, stellt eine weitere Option für den Erfolg dar.

15. Futter herausstellen, am besten Trockenfutter. Wenn Sie unter der Futterschüssel eine Zeitung/Papier legen auf der Sie Sand oder Mehl streuen, können Sie anhand von Spuren herausfinden, ob die Futter-

stelle von Ihrer Katze besucht wurde. Bitte keinen Zucker verwenden, denn sonst können Sie am nächsten Tag einen Berg von Ameisen, aber nicht Ihre Katze finden. Man kann schließlich nicht Tag und Nacht dort wachen. Manchmal gehen Igel oder andere Wildtiere an den Napf, oder auch die Nachbarskatzen.

## Suchzeitablauf

Nun fragen sich einige, was man in unterschiedlichen Zeitverläufen tun kann, um alle Möglichkeiten auszuschöpfen, sein Tier wiederzufinden. Einen Vorschlag zur Vorgehensweise können Sie der Tabelle entnehmen:

| Ab Tag des Ver- schwin- dens | Aktivitäten |
|---|---|
| Tag 1 | Eigenes Zuhause komplett durchsuchen, Schränke, Waschmaschinen, Trockner, schwierig zugängliche Nischen und Rückseiten von Möbeln, Küchenzeilen, Abstellräume, Schächte, Keller, Heizölkeller (wann war die letzte Lieferung?) Dachstühle, Garagen, Gärten, Wassertonnen, Geräteschuppen (Rasenmäher, Laubsauger, kleine Partyholzhütten), wenig genutzte Ferienhäuser, Büsche, Sträucher, Bäume, etc. Alle Lieblingsplätze der Katze überprüfen. |

| | |
|---|---|
| **Tag 3** | Aus dem Impfpass der Katze die Chip- oder Tätowierungs-nummer heraussuchen und bei Tierheimen, Tierärzten, Tier-kliniken, Polizei, sowie bei dem Tassoregister nachfragen, ob Ihre Katze gefunden bzw. abgegeben wurde. |

Wenn Ihr Tier nicht gefunden wurde, ist es wichtig es umgehend als vermisst zu melden. Suchplakate erhalten Sie bei Tasso. Dann die Nachbarn und Postboten nach der Katze fragen. Klären, ob in diesem Zeitraum weitere Katzen im nahen Umfeld verschwunden sind. Bei dem Verdacht von Haustierdiebstahl auf jeden Fall sofort reagieren, jede Minute kann sehr bedeutend sein.

(http://www.haustierdiebstahl-in-deutschland.de).

In diesem Fall sollte zudem bei der Polizei angefragt werden. In Ihrer Gemeinde können Sie sich informieren, ob überfahrene Tiere gefunden wurden. Fragen Sie Hundehalter oder Spaziergänger in Ihrer Umgebung nach Ihrer Katze.

Eine weitere Chance Ihre Katze zu finden, sind Internetanzeigen (Tierschutzseiten, Quoka, etc.) oder Annoncen in den Zeitungsblättern. Im Umkreis von drei bis 5 Kilometer Aushänge mit Abreißzettel (Telefonnummer, Name der vermissten Katze, Minibild auf jedem Abrissstreifen) aufhängen beispielsweise in Bäckereien, Einkaufsläden, Tankstellen und an öffentlichen schwarzen Brettern. Fragen Sie am besten nach, ob Sie die Suchanzeige aufhängen dürfen, bevor sie jemand entfernt, vielleicht sie sogar verklagt, weil dies verboten oder nicht erwünscht ist.

Informationen in Briefkästen legen. Eine weitere Chance haben Sie, wenn Sie nachts Ihre Katze suchen, da diese besser von Ihnen gehört werden kann. Die besten Zeiten hierfür liegen zwischen 1:00 bis 5:00 Uhr. Wenn Sie ängstlich sind, nehmen Sie besser jemanden mit der Ihnen beim Suchen

| | |
|---|---|
| | hilft. Denken Sie auch daran Ihr Handy mitzunehmen. |
| **Tag 7** | Die Suche örtlich ausdehnen und die beschriebene Suchroutine wiederholen. Mir wurde beispielsweise einmal eine Katze gebracht, die eine Autostunde von ihrem Wohnort gefunden wurde, das waren ca. 60 Kilometer. Vielleicht kann Ihnen eine seriöse Tierkommunikatorin helfen? |

**Auch nach Monaten oder sogar Jahren kann die verschwundene Katze wieder auftauchen, wie es schon in vielen Fällen geschah.**

## Farabi

„Farabi?, Faarabii!?, Faaarabiiiiiiiiiiiiii!??" Verzweifelt suchte mich meine Dosine Britta. Seit gestern hörte ich ihre Rufe immer schwächer klingend. Sie war zu weit entfernt von mir. Mein leises Maunzen konnte sie leider nicht hören.

Sie wird jetzt ganz sicher wieder mehrmals bei ihrer Nachbarin Melanie nachfragen, ob die mich gesichtet hat. Dabei hatte mich diese unscheinbare Holzhütte im Wald, in der Nähe der Wohnhäuser, schon immer magisch angezogen. Bei einem meiner Streifzüge über die Waldlichtung hörte ich ein Rascheln und ging in neugieriger Gespanntheit dem Geräusch nach. Ich schlich um die Hütte, bis ich eine Lücke entdeckte, durch die ich hindurch schlüpfte. Gebannt ging ich im Schleichschritt dem Geraschel am Boden nach. Aber es war nichts zu finden. Ich spielte ein wenig mit ein paar Blättern die am Boden herumlagen, dann sah ich mich noch ein wenig in dem Raum um. So langsam wurde es mir langweilig. Ich wollte wieder aus der Hütte herausgehen. Doch durch den Holzspalt kam ich nicht mehr heraus, weil ein Brett durch meinen Sprung umfiel und den Spalt verdichtete. So verharrte ich mit ordentlich eingefalteten Vorderpfötchen die ganze Nacht hindurch aus. Um meinen ärgsten Hunger zu stillen fing ich ein paar Käfer die arglos in der Hütte krabbelten.

Am frühen Morgen hatte ich ein flaues und leeres Gefühl in meinem Magen. Wenn mich Britta doch nur endlich finden würde. So wartete ich und wartete. Wieder hörte ich etwas später Brittas Rufe nach mir. Sie klang verzweifelter. Eine andere nach mir rufende Stimme vernahm ich dann auch noch, es war Melanie. Aha, sie hatte sich ebenfalls mit angeschlossen. Bald würden die beiden wohl bald einen Suchtrupp für mich aufstellen. Schön wenn man gleich von mehreren Leuten vermisst wird. Aber dann entfernten sich die Rufe wieder. Das gefiel mir überhaupt nicht. So wartete ich abermals und hoffte dass die beiden mich inzwischen endlich finden würden. *Selbstverständlich hat Britta jedes schwarze Brett in den Häusern der Umgebung mit Suchplakaten versehen. Ganz sicher würde sie zusätzlich eine Belohnung für erfolgreiche Hinweise versprechen. Für mich würde sie sich das etwas kosten lassen, da war ich mir hundertprozentig sicher. So hängte sie an den Türen der umliegenden Gebäude liebevoll gestaltete Suchblätter aus, in denen sie eine Belohnung aussprach, wenn man mich denn finden würde. Gesamte eineinhalb Tage saß ich in dieser Holzhütte im Wald fest. Am hellen Mittag kam sie glücklicherweise intuitiv auf die Idee, nochmals im Wald bei der Hütte nach mir zu suchen. Zeitpassgenau als sie dort vorbeiging, stimmte ich ein kleines Maunzkonzert an. Das veranlasste sie, noch gründlicher nach mir zu suchen. Sie umkreiste die Hütte und schaute durch jedes Blickloch. Da endlich entdeckte sie mich in der Hütte. Energisch entfernte sie einige hinderliche Holzbretter und kletterte durch das Fenster und begrüßte mich sehr erleichtert und überschwänglich. Ich denke, dass sie mir diese Art der Begrüßung öfter zukommen lassen sollte. Dann trug sie mich heraus und ging mit mir aus dem Wald zum Haus hinunter. Beide waren wir sehr glücklich.*

## Aufrufe verzweifelter Katzenhalter

Was passiert emotional und praktisch mit einem Katzenhalter der seine Miezekatze vermisst? Er ist für nichts mehr zu gebrauchen – für gar nichts mehr. Arbeitstechnisch gesehen, müsste man den verzweifelten Katzenhalter beurlauben oder unter Sucharrest für seine Katze stellen, bis er seine Katze hoffentlich bald gefunden hat. Zumindest in der ersten Suchphase ist der Schmerz am größten.

Als betroffener Katzenhalter durchläuft man eine Reihe von unguten Emotionen. Sie reichen von ansteigender Besorgnis, großer Traurigkeit bis hin zu panischen Angstzuständen, der geliebten Katze könnte etwas Schlimmes zugestoßen sein. Man zermatert sich den Kopf mit Gedanken: Wo war sie nur zuletzt, wo könnte sie sein, geht es ihr gut? Dies kann sogar so weit gehen, dass man irgendwann glaubt zu halluzinieren, als ob man sich in einer Wüste befände. War da nicht ein Schatten, ein Geräusch oder irgendetwas anderes? Es ist die ideale Chance für ausufernde Selbstzweifel und das Ärgern über verpasste Gelegenheiten. Alle anderen Sorgen denen man bisher enorme Bedeutung zumaß, weichen der Angst, um die wie vom Erdboden verschluckte Katze, die eventuell in glücklichen Fällen an einem sicheren Platz den Schlaf der Gerechten schläft, ganz im Gegensatz zu ihrem aufgelösten Katzenhalter. Bei ausgesprochen sensiblen Menschen stellen sich Schlafstörungen ein. Man ist permanent übernächtigt und sieht auch genauso aus, wenn man seine Augenringe nicht unter zentimeterdickem Make-up versteckt und literweise Espresso schlürft.

Es fehlt einem die freundliche Begrüßung der vermissten Katze, ihr Schnurren, einfach alles was bisher so gewohnt und selbstverständlich war. Alle Alltäglichkeiten sind plötzlich völlig belanglos, insbesondere fällt einem die Konzentration schwer, da man immer an seine Katze denkt. Liebe Chefs, haben Sie in dieser kritischen Lage ein Herz für Ihre schusligen Angestellten. Es bricht einem fast das Herz. Manchmal machen sich Berge von enormen Schuldgefühlen breit. Man hat das Gefühl sich viel zu wenig um sie gekümmert zu haben, vielleicht hatte man vorher mit ihr geschimpft oder sie wegen irgendetwas anderem zu sehr vernachlässigt. Oder man hatte seine Aufmerksamkeit auf die Umgebung vernachlässigt, an der sich die Fellnase sonst aufhielt. Auf jeden Fall denkt man, dass man mit Sicherheit irgendeinen nicht mehr wieder gut zu machenden Fehler begangen hat. Im schlechtesten Fall verdächtigt man in der Nähe irgend jemanden, der Katze etwas angetan zu haben, der nicht so gut zu einem selbst oder zu Katzen allgemein steht, oder mit dem man erst kürzlich einen Streit hatte. Hier bitte sehr vorsichtig agieren, es könnte zu Unrecht sein – hoffentlich! Ist die Katze wieder zurück, schwappen Katzenhalter meistens vor Freude über.

Bitte dann jetzt alle Suchanzeigen wieder entfernen oder Entwarnung geben. Hatten Sie eine Vermisstenmeldung über die Presse gegeben, ist es von Sinn, eine kleine Erfolgsmeldung bekannt zu geben.

# Norli

Das Ehepaar bei dem ich wohlbehütet lebte, benötigte eine Auszeit von ihrem anstrengenden Alltag. Sie wollten nach vielen Jahren gemeinsam in den Urlaub reisen, diesmal allerdings ohne mich. So brachten sie mich zu einer Katzensitterin, deren Adresse sie von ihrer erwachsenen Tochter hatten. Als ich in ihre Wohnung gebracht wurde, schlängelte ich mich nach langem Überlegen aus der Transportbox. Meine Halter hatten sich bereits verabschiedet. Ich betrachtete die Wohnung, Zimmer für Zimmer. So ganz wohl fühlte ich mich dort nicht. Ich wollte unbedingt ins Freie. Aber diese Katzensitterin ignorierte mein Freiheitsbedürfnis. Die Tochter meiner Leute hatte ihr noch gesagt es wäre nicht so schlimm, wenn ich entwischen würde. Das war wirklich ein sehr grober Fehler, fand ich. Zwar erhielt ich meine Grundversorgung, aber diese Frau, die mich betreuen sollte, war nun wahrlich kein Profi für fachgerechtes Catsitting. Sie konnte nicht richtig mit mir reden und mir überhaupt nicht zuhören. Ich versuchte auf meine eigene Art und Weise, Zugang zu ihr zu finden und maunzte sie Tag und Nacht an, raste wie wild durch die Räumlichkeiten ihres Zuhauses und zeigte mich sehr ungehalten über sie. Am vierten Tag gab sie schließlich auf - und meinem Freiheitsbedürfnis nach. Sie dachte wohl dass ich, wenn ich nur ein paar Minuten draußen die frische Luft schnuppern wollte, brav wieder zurück in die Wohnung gehen und ruhiger werden würde. So öffnete sie arglos die Terrassentür und das Unglück nahm seinen Lauf. Mit einem Satz sprang ich ins Freie, maunzte ihr noch einen Abschiedsgruss zu und verschwand auf nie mehr wiedersehen. Da konnte sie mir nachrennen wie sie wollte, ich war schließlich schneller als sie. Ich beobachtete aus sicherer Entfernung wie sie nach mir suchte, vergebens. Das konnte sie vergessen, ich ließ mich nie jemals wieder blicken. Meine Dosinen trauerten lange um mich. Die Sitterin konnte sich ihren fatalen Fehler nie mehr verzeihen.

Aber das half alles nichts, ich war verschwunden und begann ein anderes Leben zu führen. Was aus mir geworden ist, hat keiner mehr erfahren. Da schweige ich eisern wie ein Grab. Hätten meine Leute einen Profi für mein Sitting beauftragt und hätte ihre Tochter nicht zu der Sitterin gesagt, dass es nicht schlimm ist wenn ich verschwinde, wäre ich heute in meinem trauten Heim und nicht in eine beängstigende, ungewisse Zukunft geraten.

# Suchanzeigen

In dieser traurigen Situation verfassen die meisten ratlosen Katzenhalter ihre Suchanzeigen, die in einigen Dingen undurchdacht sind und durch ihre Gestaltung nicht hundertprozentig effektiv wirken. Schnell noch wird ein Foto gesucht, wobei dieses nicht immer dem aktuellen Stand entspricht. DIN A4 Zettel werden verklebt. Dabei ist es sinnvoll sich vor dem Verschwinden rein prophylaktisch mit der Situation zu befassen, die hoffentlich niemals eintritt und Suchanzeigen zu formulieren, die man im Eintretensfalle rasch verwenden kann. Dabei ist es sinnvoll einiges zu beachten, wenn man Erfolg haben will.

**Außenwirkung:**
Die beste Aufmerksamkeit und Effizienz erreichen Sie, wenn Ihre Suchanzeige auf farbigem Papier mit Abreißzettel geschrieben ist.
Sobald Ihre Katze wieder aufgetaucht ist, empfiehlt es sich die Zettel abzuhängen.
Sollten viele Leute aufgrund einer Zeitungssuchmeldung bei Ihnen angerufen haben, um Ihnen Trost zu spenden, dann informieren Sie die Allgemeinheit am besten ebenfalls über die Zeitung, wenn Ihre vermisste Fellnase wieder aufgetaucht ist.

**Wichtige Angaben bei der Formulierung:**
Seit wann ist sie verschwunden, Name und Bild der Katze, Rasse, Fellfarbe, Augenfarbe, besondere Merkmale, etwaiges Alter, bestimmtes Verhalten wie scheu oder zutraulich. Eigene Telefon-, Handynummer, Fax, möglicher Umkreisaufenthaltsort der Katze, aber lieber keine Hausadresse. Vielleicht eine kleine Belohnung als Suchmotivation angeben, aber niemals sich erpressen lassen. Sonst die Polizei einschalten, denn Erpresser bekommen ihren Hals oft nicht voll genug.

**Was man nicht tun sollte, wo ein Risiko besteht:**

- Die volle Adresse angeben ist immer ein Risiko, da man nie wissen kann, welche Gesinnungsart manche Menschen innehaben, die diese Anzeige lesen.
- Keine zu hohe Belohnung angeben, das führt nur in Versuchung.
- Eine ungenaue Beschreibung, birgt das Risiko einer Menge unnötiger Anrufe.
- Bitte selbstverständlich keine Urlaubszeiten, Kurzeiten oder sonstige Abwesenheitszeiten angeben.
- Vertrauen in die falschen Auskünfte, kann wertvolle Zeit verstreichen lassen. Dies kam schon bei Tierkliniken oder anderen Einrichtungen vor, in der viele Mitarbeiter aufgrund von Hektik fehlerhaft oder überhaupt nicht miteinander kommunizierten. Missverständnisse bei der Tiererkennung, verhindern die Rückgabe der Samtpfote an ihren Halter.

**Mustersuchanzeige:**

Ein Beispiel einer Formulierung anhand eines Aushanges mit Abreißzettel:

## Schmerzlich V E R M I S S T !!!

Name der Katze:

Datum, seit wann vermisst:
Wo zuletzt gesehen:
Evt. Situation in der die Katze verschwunden ist (bsp: entwischt, Silves-
ter)

Alter:
Rasse:
Farbe:
Merkmale:
ca. Grösse, Gewicht:
Wirkungsumfeld:

Charakterbeschreibung (zutraulich, oder scheu).
Gechipt oder tätowiert (Nummer bitte nicht vollständig angeben).
Evt. Belohnung (sollte im Rahmen bleiben) angeben.
Suchaufruf und Bitte um Information wenn die Katze gesehen wurde oder zuge-
laufen ist.

Name und Telefon/ Handynummer des Halters:

| Katze Maunzi vermisst | Katze Maunzi vermisst | Katze Maunzi vermisst | Katze Maunzi vermisst |
|---|---|---|---|
|  |  |  | 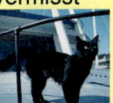 |
| Tel: 06221/111222 | Tel: 06221/111222 | Tel: 06221/111222 | Tel: 06221/111222 |

## Weitere Beispiele von Katzensuchanzeigen:

# Verschwunden

Unser Felix wird seit dem 03.02.2010 vermisst. Er ist ca. 2 Jahre alt und grau getigert. Bedauerlicherweise hat er keine Tätowierung und keinen Chip.

Da er sehr neugierig und zutraulich ist, kann es sein, dass er versehentlich in einem Haus oder einer Garage eingesperrt wurde.
Bitte melden Sie sich unbedingt bei uns, wenn Sie ihn gesehen haben.

Familie Hoffnungsvoll,
In Sicherhausen, Tel: 0111/312567

# VERMISST!!!

Leider ist unser Kater Flumi am Sonntag, den 26.12.2010 in HD-Ziegelhausen verschwunden.
Er ist 3 Jahre alt und ein Waldkatermischling, Farbe hellorange-weiß.

Er zeigt sich als sehr verschmust und auf Menschen bezogen.
Seine Chipnummer ist im Tassozentralregister eingetragen.
Unsere Familie vermisst ihn schrecklich.
Wenn Sie ihn gesehen haben oder er Ihnen zugelaufen ist,
geben Sie uns bitte schnellstens Bescheid.
Belohnung bei Erfolg.

Familie Guten Glaubens, Ort, Telefon.

# E I L T !

## Dringend gesucht!!!

Wir vermissen unsere Katzendame Matinka sehr.
Sie ist 8 Jahre alt, ein Persermischling tri-color
Farben.
Aufgrund ihrer Nierenerkrankung benötigt sie
regelmäßig Medikamente.
Leider entwischte sie uns nach einem Tierarztbe-
such vor zwei Tagen und war bisher nicht auf-
findbar.
Bitte helfen Sie uns sie zu finden. Es eilt.

Wir hoffen sehr, dass sie bald wieder zurück ist.

Belohnung versprochen.

Datum:                    Frau Sorgenvoll, Ort, Telefon.

---

### Seit 4 Wochen verschwunden!

Mein schwarzweißer Kater Carlo, Freigänger, ist
vor etwa 4 Wochen das letzte mal bei uns,
in Kleinhausen, Waldweg 3, gesehen worden.

Er ist mittelgroß, Alter 6 Jahre, etwa 5,5 Kilo
schwer.

Er wird sehr vermisst. Bitte helfen Sie mir ihn zu
finden. Ich bin für jeden Hinweis dankbar.

Frau Optima, Telefon.

**Hallo an alle,**

unser 2 ½ jähriger silberfarbener Karthäuser Kater Merlin ist am Montag, den 17.01.2011 zum letzten mal gesehen worden.
Seither vermissen wir ihn sehr schmerzlich.

Besondere Merkmale:
Aufgrund einer früheren Verletzung hinkt er mit der linken Hinterpfote leicht. Er ist sehr scheu und lässt sich nicht anfassen.

Bitte rufen Sie uns an, sobald Sie ihn sehen oder gesehen haben, egal zu welcher Zeit.

Herr Guten Mutes,
Ort, Telefon.

**Vermisst in Heiligkreuzsteinach!**

Seit Samstagmorgen vermissen wir unsere Angorakatze Angela.
Sie ist 3 Jahre alt und sehr groß.

Besondere Merkmale:
Stumm und schwerhörig.
Aufgrund ihrer Schreckhaftigkeit ist sie nicht zutraulich.

Wenn Sie uns Hinweise geben können, wo sie sich befindet, rufen Sie uns bitte an. Wir hoffen sehr darauf.

Familie Ratlos, Datum, Ort, Telefon.

## BELOHNUNG:

Welche Art der Belohnung, bzw. der Summe empfiehlt sich? Kleine Geschenke wie Blumensträuße, die obligatorischen Pralinen oder gar Geschenkkörbe erfreuen die Finder der Katze ganz sicherlich.

Ferner ist Geld eine gute Art der Belohnung. Gegen einen zwanzig oder fünfzig Euroschein ist sicherlich nichts einzuwenden. Manche Katzenhalter machen einen Unterschied zwischen dem Wert einer Haus- oder Rassekatze. Dem anderen ist die Katze mehrere hundert Euro wert. Doch sollte man den Finder nicht mit Geld blenden, auch wenn Geld eine schöne Sache sein kann. Aber zuviel oder zuwenig Geld birgt die Gefahr negativer Emotionen.


## SPENDEN:

Können Sie Ihre vermisste Samtpfote im Tierheim oder einer anderweitigen Fundstelle abholen, sind die Menschen Ihnen sicherlich für eine Spende dankbar, damit sie anderen Tieren helfen können, so wie sie es bei Ihrer Katze getan haben.

## Timo

Seit Tagen erlebe ich nun schon diese nervenaufreibende Aufbruchs-stimmung. Diese Umzugskartons stehen mitten im Weg. Leere, halb gefüllte und bereits verpackte Kisten türmen sich, wie der Turm von Pisa, direkt vor mir auf. Nicht einmal spielen darf ich damit – gemein! Als ich mich in so einem Karton versteckte, bekam meine Dosine gleich einen unglaublichen Schreck: „Das geht nicht, da darfst du dich nicht verstecken!" rief sie entsetzt aus und versuchte mich daraus zu ver-scheuchen. „Spielverderber", dachte ich nur und hüpfte beleidigt aus dem Karton. Ist ihr überhaupt klar was das Chaos und diese Unruhe für mich Kampfschmuser bedeuten? Nein? Ich kann Ihnen nur mitteilen, dass dieser Zustand eine absolute Zumutung für mich ist. So langsam habe ich mein kleines Schnäuzchen gestrichen voll. Es war einfach nur noch ungemütlich. Ich ahnte ja nicht was noch auf mich zukommen würde, denn eines Tages standen sie da. Tatkräftig und arbeitswütig, betraten zwei gewichtige Männer in blauen Arbeitsanzügen meine Wohnung!

Da diese zwei Gestalten mir nicht geheuer waren, versteckte ich mich sicherheitshalber hinter dem Sofa. Eine Weile ging dies gut, aber dann das: „Nein! Lasst mir bitte mein Sofa stehen!" maunzte ich entrüstet. Doch sie rückten es vor und schleppten es durch das Treppenhaus. Danach machten sie sich sogar an meinem Kratzbaum – dem Heiligtum in dieser Wohnung, zu schaffen und trugen ihn, unerbittlich meines Gemaunzes, auch noch fort. Das war nun doch zuviel für mich. Entrüs-tet rannte ich ihnen durch das Treppenhaus nach, zwischen ihren Bei-nen durch. Ja, ich wollte sie zur Strafe zu Fall zubringen. Sie strauchel-ten, als sie mir auswichen. Aber was jetzt stürzte, war leider mein Kratzbaum und nicht die beiden Herren. Nun polterte der Kratzbaum zu allem Unglück noch ganze zwei Stockwerke über die Treppen hin-unter und verteilte sich in sämtliche Einzelteile hinter dem Hauseingang. Entsetzt sah ich mir den Schaden an. Just in diesem Augenblick kam mir meine Dosine entgegen. Doch noch bevor sie mich an meinem Pelzkragen fassen konnte, entwischte ich ihr mit einer flinken, eleganten Drehung und sprang durch die offene Haustür auf den belebten Bürgersteig. Huch, da war ja fürchterlich viel los. Ja, es fand derzeit ebenfalls noch ein Frühlingsfest statt. Mir wurden die vielen Leute unheimlich. Noch nie war ich aus dem Haus gewesen, immer nur in der Wohnung meiner Dosine. Mittlerweile war ich ganz aus dem Häuschen, um den vielen Menschen auszuweichen. Genau in diesem Moment stürzte auch noch ein großes zotteliges Ungeheuer mit lautem Gekläffe auf mich zu. Nix wie weg hier, dachte ich und rannte davon. Bedauerlicherweise entfernte ich mich aus dem Blickfeld meiner Dosine, die vergeblich versuchte mich zu erhaschen. In letzter Sekunde konnte ich mich vor dem Hund in Sicherheit bringen. Ich hatte mich in einer Mauernische verkrochen und machte mich so klein wie es mir möglich war, um nicht gesehen zu werden. Die unterschiedlichsten Gerüche, die während des Festes durch die Lüfte schwebten, weckten meinen Hunger wie auch meine Neugier. Selbst wenn ich die vielen Menschen nicht gewöhnt war, hatte ich dennoch keine sonderliche Angst vor ihnen. Ich betrachtete das Geschehen mit großem Interesse und bekam hier und da ein kleines Häppchen von etwas Leckerem ab. Nachdem die Dämmerung anbrach, suchte ich den Weg nach Hause. Doch durch die ganze Aufregung und die neuen Erlebnisse fand ich ihn nicht mehr. Nachdem ich wieder einmal von einem nicht angeleinten Hund gejagt wurde, kletterte ich flugs auf den nächsten Baum so hoch ich konnte und verharrte dort. Längere Zeit später wollte ich wieder herunterklettern. Da ich jedoch das Hochbaumklettern, pardon ich kenne nur die Niederbäume, also Hauskratzbäume, nie richtig gelernt hatte, wusste ich nicht wie ich herunterkommen könnte. Jetzt bemerkte ich erst, wie hoch ich gekommen war. Mir war schon beim Anblick in die uferlos scheinende Tiefe richtig schwindelig geworden. Ich verharrte ängstlich.

Am zweiten Tag war mir etwas flau im Magen. Ein Rabe versuchte mich immer wieder mit seinem spitzen Schnabel zu piesacken. Ich bekam es mit der Angst zu tun und maunzte so laut ich nur konnte. Irgendwann blieben Leute unten am Baum stehen, schauten hoch und entdeckten mich endlich. Sie deuteten zu mir hoch und unterhielten sich aufgeregt. Ich bot wohl einen jämmerlichen Anblick, mit meinem noch vom gestrigen Regen durchnässten Fell und den ausgerupften Fellhaaren von dem nervenden Raben. Das unentwegte Säuseln und Rufen der Menschen brachte gar nichts. Ich blieb weiter an meinem unbequemen Platz. Trotz der Umstände traute ich mich nicht meine missliche Situation zu verlassen. Da rückte ein sperriges Fahrzeug heran. Was haben die denn nun vor, ging es mir durch meinen Kopf? Eine hohe Leiter bewegte sich, wie von Zauberhand gesteuert, automatisch in meine Richtung. Auf der obersten Fläche stand ein Mann, in einem merkwürdigen Aufzug. Sowie er ganz nah bei mir war, sprach er mit leiser Stimme zu mir und hob mich vorsichtig in einen Tragekorb, den er rasch verschloss. Da ich inzwischen für jede Befreiung aus meiner ungünstigen Lage dankbar war, ließ ich es widerstandslos zu. Die Leiter fuhr wieder nach unten. Ich hörte das Beifallsklatschen der Passanten und ein „standing ovation". Und so gelangte ich glücklicherweise in mein Zuhause, wie auch die Rechnung der Feuerwehr ihren sicheren Weg in den Briefkasten meiner Dosine fand. Ich verrate Ihnen noch ein kleines Geheimnis. Die schon bazarmäßige Verhandlungskunst meiner Dosine schrumpfte den Rechnungsbetrag enorm.

**Hinweis:**

Damit die Katze sich nicht verletzt, ist es unabdingbar sie vorsichtig, jedoch nicht zu zögerlich aus den Ästen herauszuklauben. Wurde Ihre Katze bereits mehr als einmal durch die Feuerwehr von irgendwelchen Bäumen oder Dächern gerettet, so täte es Ihrem Geldbeutel sicherlich gut, mit den Rechnungsstellern über eine Leistungsrabattierung zu verhandeln. Vielleicht verfügt die Feuerwehr über Kundenkarten mit Treuebonus. Oder Sie holen sich vorab unterschiedliche Angebote von Feuerwehr und Baumkletterern ein, damit Sie finanziell bessere Karten haben, falls Ihre Katze wieder einmal meint, Bäume besetzen zu müssen. Diese Aktion könnte man als Übungseinsatz deklarieren, für den man einem Betrag von etwa 50,- EUR, für die Kaffeekasse an diese Helfer honoriert. Dann bei den umherstehenden Zuschauern Spenden für die Rettung einsammeln, für einen Kinobesuch bezahlt man schließlich auch.

# Wie man einem Katzenhalter effektiv bei der Suche helfen kann

<u>Was Sie niemals tun sollten:</u>
- Sagen Sie einem verzweifelt suchenden Katzenhalter keine Dinge wie beispielsweise: „Das **war** ja so eine schöne Katze".
- Irgendwelche tragischen Vermutungen anstellen.
- Nie die vor Angst aufgelösten Katzenhalter entmutigen, selbst wenn Sie das ganze Procedere um die Katzen nicht verstehen.
- Verweigern Sie Ihre Hilfe nicht, wenn es Ihnen möglich ist zu helfen. Selbst wenn Sie Katzen oder gar den Nachbarn nicht mögen und ihm sonst alles Böse an den Hals wünschen. Sein Haustier kann nichts für derlei Feindschaften zwischen Ihnen. Dies wäre auch eine einmalige Chance, um Frieden miteinander vorzubereiten. Aber bitte deshalb keine Katze verschwinden lassen.
- Galgenhumor oder schlechte Witze möglichst vermeiden. In so einer besorgniserregenden Situation verstehen die wenigsten Katzenhalter Späßchen.
- Fremden zu viele Auskünfte über seine Nachbarn geben. Sie wissen nie genau mit wem Sie reden und welche Absichten ein zu neugieriger Fremder oder Bekannter führt.

<u>Was Sie tun können:</u>
- Leihen Sie dem Katzenhalter Ihre Taschenlampe aus wenn er keine eigene hat.
- Schauen Sie wenn nötig zweimal oder wenn es erforderlich ist, mehrmals in Ihrem Keller, Garage oder Gartenhäuschen nach, wenn Sie vom verzweifelten Katzenhalter darum gebeten werden. Es könnte sein, dass die Katze sich nicht bemerkbar machen kann.
- Halten Sie notfalls Taschentücher und Beruhigungstropfen bereit.

- Informieren Sie den Katzenhalter umgehend, wenn Sie seine Katze sichten.
- Sollte die Katze in Ihrer Wohnung sein, nicht entwischen lassen, der Katzenhalter soll sie lieber selber abholen.
- Vielleicht haben Sie einen zuverlässigen, berufserfahrenen Spürhund der effizient bei der Suche helfen kann.
- Manche Katzen fremdeln so sehr, dass sie nur wieder eingefangen oder hervorgelockt werden können, wenn sich außer dem Tierhalter keine andere Person im meterweiten Umfeld bewegt.

Allgemeine Aufmerksamkeit:
- Sollten Sie ein abgestreiftes Halsband finden, könnte diese Information dem nach seiner Katze suchenden Halter hilfreich sein.
- Wenn Sie in der Umgebung, Feld, Wald oder Wiese Tierfallen finden, eventuell noch mit verfangenen Tieren, benachrichtigen Sie besser umgehend die Polizei. Informieren Sie dann am besten noch die Tierhalter in der Umgebung über die Fallen und auch Spaziergänger, besonders diese die mit ihren Hunden unterwegs sind.
- Natürlich wieder Veränderungen oder fremde Fahrzeuge in der Nähe aufmerksam registrieren.
- Auf ungewöhnliche Geräusche achten. Ungewohntes Gemaunze kann ein Hinweis darauf sein, dass eine Katze in Not ist oder sich verirrt hat.

## Liesi

Wie Ihnen bekannt sein dürfte, hat beinahe jeder Samstag in unserem ordentlichen Lande das gleiche wiederkehrende Ritual. Zumindest für unser kleines gepflegtes Viertel, in dem ich mit meinen Menschen inzwischen seit Jahren lebe. Dort haben sie sogar extra Garagen allein nur für ihre ach so liebevoll gepflegten Autos gebaut. Jeder Nachbar hat mindestens eine Garage - aber nicht jeder Nachbar nennt eine Katze sein Haustier. Diese Autohalter, so nenne ich sie einfach, sind stets von einer rührenden Fürsorge um ihre Vehikel bemüht. Dieses kann man an diesen diversen Samstagen besonders deutlich ersehen und es läuft folgendermaßen ab. So um 9:00 Uhr, wenn ich mir gerade mein zweites Mäusefrühstück genehmige, starten die meisten Bewohner der Häuser mit ihren Fahrzeugen in das nächste Lebensmitteleinkaufscenter in der Umgebung. Es dauert so ca. 2-3 Stunden, bis sie von ihren Beutezügen zurückkehren, mit voluminös gefüllten Kofferräumen, die kaum noch zu schließen sind. Einige Schlaue nutzen für den Transport auch noch ihre Dachgepäckträger mit denen sie nur um Haaresbreite unter den Brücken durchfahren, um heimzukommen. Ganz dramatisch wird es, wenn sie für Ihren Einkauf noch den Anhänger oder den Wohnwagen an ihrem Auto für ihre Hamstereinkäufe festklicken. Um das Auto anschließend von dem ganzen beladenen Krempel zu befreien, fahren diese Menschen zu gerne bis vor die Haustür. Meine Dosine zählte zu meiner Entrüstung ebenfalls dazu. Wenn es ihnen möglich wäre, würden sie wie im wilden Westen, gleich ganz in ihre Küche einparken und dort alles verstauen. Dann am Nachmittag beginnt das luxuriöse Wellnessprogramm für die beanspruchten Fahrzeuge. Die Menschen waschen und polieren ihre Autos in mehreren Arbeitsgängen, im Innern und in der Außenhülle auf blendenden Hochglanz, dass jeder vernachlässigter Ehepartner, der sich währenddessen mühselig in der Küche vergnügen darf, vor Neid und Eifersucht erblassen würde.

Genau an einem dieser Samstage, als ich an den offenen Garagen vorbei schritt, bemerkte ich einen anderen Geruch wie sonst aus den Garagen, in denen es eher nach Benzin und Autoöl roch. Ich ging dem Duft nach und entdeckte bei der Beifahrerseite vor einer Autotür eine Packung Frischwurstaufschnitt, der wohl unbemerkt aus einer der gigantisch gefüllten Plastiktüten gefallen sein musste. Hätte dieser in Pergamentpapier eingewickelte Aufschnitt nicht so lecker gerochen, hätte ich ihn nicht gesehen, da das Auto in der Garage mir die Sicht darauf erschwerte. Also ging ich hin und machte mich daran die Wurst mit meinem Pfötchen auszupacken. Gerade in diesem Moment wurde das Garagentor zugeklappt und von außen verschlossen. Erst war ich total verdutzt „Was soll das? Lass mich raus, jetzt sofort!" maunzte ich erschrocken. Aber dieser Mensch schien wohl völlig schwerhörig zu sein. Er reagierte nicht und ging einfach fort. Was blieb mir denn anderes übrig als mich eben über den Wurstaufschnitt her zu machen? Stunden vergingen. Irgendwann hörte ich im Halbschlaf jemanden nach mir schreien. Ganz klar, das war die Stimme meiner Dosine. Aber auch ihr Gehör war so miserabel wie die des Mannes, der die Garage verschlossen hatte. Ihre Stimme schallte laut über den gepflasterten Platz und hinterließ einen langen Hall. Es musste früher Morgen sein, die Vögel zwitscherten. Da ging ein Fenster auf und eine Frau schimpfte, sie solle doch bitte leiser sein, ihre Kinder schliefen noch. Verlegen zuckte meine Dosine zusammen und rief daraufhin etwas leiser nach mir. Aber ich blieb natürlich verschollen, da ich eben nicht aus dieser verschlossenen Garage konnte. Ich fühlte am Nachmittag wie die Sonne mit aller Macht auf die Garagen herunter schien. Mit einem lauten Scheppern öffnete der Nachbar die Tür der Garage nebenan. Ich erkannte meine Chance. Mit energischem, langgezogenem Gemaunze: „Maaaauuuuhuuuu....", machte ich ihn auf mich aufmerksam. Es war kurze Zeit still. „Hallo" antwortete er mir, „ist da eine Katze??" Er wartete: „Aber selbstverständlich", schnatterte ich zurück. Na so was, jetzt entfernte der sich auch noch. Gleich darauf näherten sich die Schritte meiner Dosine und anderer Menschen. Das Garagentor wurde vorsichtig aufgeklappt. Alle sahen mich mit kugelrunden Augen an. Meine Dosine schnappte mich und trug mich davon, ehe der Nachbar die leer gefutterte Wursttüte entdeckte und Regress an sie stellen konnte.

# Häufige Fundorte – ungewöhnliche Fundorte

**In der Wohnung:**

Sofa, Sessel, Kaminecken, Verstecke in Nischen, unter/ hinter/in/auf Schränken, Wachmaschinen-, Trocknertrommel, unter Badewannen (nach Installationsarbeiten).

**Im Haus:**

Keller, Waschkeller, Heizungskeller, Kellerschächte, auf den Fußmatten diverser Nachbarn.

**Außer Haus:**

Höhere Plätze, uneinsehbare Bodenplätze, manchmal sogar in größeren Vogelhäuschen oder auf den größeren Ästen darüber, Gewächshäusern, Schuppen, in verlassenen Häusern, hinter Gerümpel versteckt, Futterstellen für herrenlose Katzen, Baustellen, Licht-, Betonschächten.

**Im Fahrzeugbereich:**

Im Automotorraum, Radkästen, Fahrzeuginneren (bei halbgeöffneten Fenstern, etc.), Garagenzwischenräumen, unter abgedeckten und stillgelegten Autos.

**Sonstige Orte:**

In Kneipen hinter Getränkekisten, Lagerräumen, Hohlräumen aller Art, Dachrinnen, Dachschrägen, Kaminen, Abwasserrohren, Kanalisation, Toiletten.

**Hinweis:**

Bedenken Sie dass, wenn Sie Ihre Katze in einer schwer zugänglichen Stelle oder einem unerreichbarem Hohlraum entdecken, kann Ihnen ein Handwerker oder die Feuerwehr helfen, Ihre Katze daraus zu befreien. Mit

Stemmeisen, speziellen Handwerksgeräten oder Baggern wurde in einigen dramatischen Fällen aus der Vergangenheit angerückt, um die Katze aus derlei „Fallen" herauszuholen. Rechnen Sie allerdings mit einigen Kosten, was Sie jedoch bitte keinesfalls von der Rettung Ihres Tieres abhalten sollte.

**Baumchirurgen:**
Wenn die Feuerwehr Ihre Katze nicht vom Baum retten kann, dann könnten Ihnen Baumchirurgen oder Baumspezialisten helfen. Sie verfügen über eine gesonderte Ausrüstung wie beispielsweise Spezialseile, Keilscheiben und weiteres. Es ist Ihnen möglich bis in Baumspitzen zu klettern.

**Beispielsadressen die Ihnen weiterhelfen oder einen Kollegen nennen könnten:**

**Be.B.C. Berlin-Brandenburgische Baumchirurgie GaLaBau GmbH**

Telefonnummer: (030)3821045
Telefaxnummer: (030)3826895

**http://www.baumpflege-frank.de**
66909 Nanzdietschweiler
Fon/Fax: 0 63 83/92 68 00
mobil: 01 74/1 62 42 31

**http://www.baumchirurgie.at/?gclid=CN7X0e-hjKcCFcoe3wodxTurgQ**
**Baumchirurgie Saller GesmbH**
A-1110 Wien
Telefon: ++43 1 768 39 39
Fax:       ++43 1 768 48 00
E-Mail:   office@saller.baumchirurgie.at

# Crumi

Wie lange ich schon auf dem flachen Dach des alten Hauses im Orangenhain liege, weiß ich nicht mehr. Ich fühle mich nur so schrecklich kraftlos und hungrig. Gestern bekam ich glücklicherweise ein paar Regentropfen zu schlürfen, die herab fielen und in einer kleinen Mulde eine lebensrettende Pfütze bildeten. Die Sonne brennt schon seit Tagen unbarmherzig auf mich hinab. Nur noch dunkel erinnere ich mich daran wie ich hierher geriet. Mein Dosine war für ungefähr drei Wochen auf einer Reise. Die von ihr beauftragte Katzensitterin machte sich am zweiten Tag daran, meine bereits ausheilende Verletzung an meinem Näschen auf dem sich feiner Grind gebildet hatte, mit Jod zu betupfen. Sie hantierte dabei so grob, dass mein Näschen zu bluten begann. Entsetzt lief ich davon und versteckte mich vor ihr. Am sehr späten Nachmittag kam ich wieder zu meinem Zuhause zurück, es war die Zeit des Abendmahls. Wieder kam diese Katzensitterin und wollte mich einfangen. Warum nur war meine Dosine nicht da? Die hätte ihr klargemacht, dass man mit mir etwas freundlicher umgeht. Aber diese Dilettantin sollte mich nicht zu fassen bekommen. Sicher wollte sie wieder an meiner verletzten Nase hantieren. Erneut ergriff ich die Flucht mit leerem Magen. Dann waren da auch noch die kläffenden Hunde, wovon es hier in dieser Ecke viel zu viele gibt. Man muss sich als Katze vor ihnen in Acht nehmen, da sie uns zuweilen in Gruppen, zu denen sie sich zusammenrotten immer wieder durch die Gegend jagen. Als wäre mein Schreck nicht ausreichend genug, ich war leicht am Taumeln, bog dann auch noch ein riesiger schwarzer Hund, natürlich ohne Leine und ohne Maulkorb um die Ecke. So wie er mich sah, stürzte er sofort mit lautem Gebelle auf mich zu. Ich rannte so schnell ich konnte davon. Dieser Köter der hinter mir her war, hatte ein unangenehm schnelles Tempo drauf. Gerade noch in letzter Sekunde entkam ich ihm, als ich mit all meinen gesammelten Kräften über den Gerümpelstapel auf das Dach eines älteren Hauses sprang. Da saß ich nun, ein stolzer spanischer Kater, der beste Rattenfänger im ganzen Ort, der sich vor den lästigen Hunden und einer groben Katzensitterin in Acht nehmen musste. Ich fühlte mich elend, hungrig und von meinem gütigen Katzengott verlassen. Irgendwann schlief ich ein, als es dunkelte. Am nächsten Morgen wollte ich vom Hausdach herunterklettern. Doch die Hundemeute von gestern, die sich um das Haus versammelt hatte, hielt mich davon ab. Hatten die denn keine Menschen, die sich um sie kümmerten, kein Zuhause? Ich saß in der Bredouille. Ich wollte fort von hier, konnte aber nicht unbeschadet an den Hunden vorbeikommen. So verging auch dieser Tag mit Warten, Hunger, Durst und dem Gefühl der Angst und Einsamkeit. Die meisten Menschen hier haben nicht gerade ein allzu großes Herz für uns Geschöpfe. Durch meinen Blutverlust, von Hunger und Durst geschwächt, verlor ich auch noch mein letztes Quäntchen Mut, um mich irgendwie aus dieser kritischen Lage zu wagen. Von Tag zu Tag, ging es mir schlechter. Meine Dosine ahnte leider nicht in welcher gefährlichen Lage ich mich befand. Es hatte ihr ärgerlicherweise keiner etwas von meinem Verschwinden gesagt. So fiel ich langsam in einen Dämmerzustand. Wirre Schatten umkreisten mich. Immer wieder verlor ich mein Bewusstsein. Ich begann mich zum Sterben bereit zu machen. Meine Kehle war ausgetrocknet. Nie mehr würde ich meine Dosine sehen, nie mehr ihre freundliche Stimme hören. In meinem Dämmerzustand fühlte ich eine bleierne, schwere Traurigkeit. Wie viele Wochen inzwischen vergangen waren, seitdem ich auf dem Dach festsaß, wusste ich nicht mehr. Nach sehr langem Leiden fiel ich in eine Art Koma.

„Crummmmi, Grummmmiiiiii!?" vernahm ich eine Stimme, wie im Nebel. Träumte ich? War ich im Himmel angekommen? Mein Körper war sehr leicht geworden. Ich fühlte ihn nicht mehr. Aber irgendetwas um mich herum hatte sich verändert. Ich roch Hühnerbrühe, spürte wie jemand mir Wasser über mein Schnäuzchen tupfte. Mit Mühe öffnete ich meine Augen und hob mein Köpfchen leicht an – und ich sah in das Gesicht von Ines meiner Dosine. Sie hatte mich doch nicht verlassen, wie ich zuletzt befürchtet hatte. Jetzt kümmerte sie sich liebevoll um mich. Ich lag auf einer weichen Decke in ihrem angenehm kühlen Haus und war vor den streunenden Hunden sicher. Gerade träufelte meine Dosine mir vorsichtig etwas lauwarme Hühnerbrühe auf mein Mäulchen, die ich mir vor meinem Unglück zu jeder Zeit heißhungrig einverleiben konnte. Nur jetzt musste sie mir dabei helfen. Mit einem kleinen Löffel flößte sie mir die Suppe vorsichtig ein. Erneut schlief ich ein. Am folgenden Tag fühlte ich mich ein wenig besser. Meine Dosine war überglücklich darüber. Die miese Katzensitterin, die mich durch ihr stümperhaftes Verhalten verletzt und auch in die Flucht geschlagen hatte, versuchte sich herauszureden. Sie wollte den Urlaub meiner Dosine nicht stören, deshalb hätte sie nicht Bescheid gegeben. So erfuhr Ines erst von meinem Verschwinden, als sie wieder zurück war. Überall suchte sie mich, am Tag und in der Nacht rief sie nach mir, aber ich konnte ihr aufgrund meiner miserablen Verfassung in der ich mich befand, leider keine Antwort geben. Eine ganze Woche verging, bis ich gefunden wurde. Ausgetrocknet und beinahe tot. In diesen Wochen in meinem Dachgefängnis durchlebte ich Hunger, Durst, Schmerzen, Angst, Einsamkeit und eine grässliche Sommerhitze. Glücklicherweise hatte Ines mich nach langer und intensiver Suche gefunden und versuchte mich aufzupäppeln. Sie schwor sich und mir, mich künftig immer mitzunehmen, wenn sie verreiste. Ich schnurrte und maunzte sie erleichtert an. Am dritten Tag jedoch verließ ich meine Dosine Ines für immer. Über die Kraft um gesund zu werden verfügte ich nicht mehr. Ein hartnäckiger Infekt hatte mir den letzten Rest gegeben. Meine neun Leben waren ausgehaucht. Selbst wenn seit meinem Tod inzwischen sehr viele Jahre vergangen sind, macht sich Ines immer noch Vorwürde, weil sie so lange fort war und dass sie die Katzensitterin falsch eingeschätzt hatte.

*Doch für mich ist es für immer vorbei. Mein Leben ist beendet, weil diese Dame es nicht für nötig hielt, meine Dosine über mein Verschwinden zu informieren. Nur ein Anruf, ein simpler einziger Anruf hätte mein langes Leiden verhindert und mein Leben gerettet.*

**Mein letzter Aufruf aus dem Regenbogenland an alle Katzenhalter ist:**

- **Prüfen Sie Ihre Katzensitter bitte sehr genau.**
- **Geben Sie Ihnen klare Anweisungen mit Nachdruck.**
- **Achten Sie auf deren Referenzen.**
- **Machen Sie ihnen klar, wie wichtig wir Ihnen sind, damit sich solche Tragödien nie mehr wiederholen.**

# Freiwillig verschwunden oder entführt?

Nicht jede Samtpfote verschwindet so einfach aus Versehen oder sonstigen bekannten Gründen. So einige Katzen werden auch entführt. Nun fragt man sich, warum dies passiert? Wer soll denn ein Interesse haben, irgendeine Katze zu entführen? Man kennt es ja, Autos werden geknackt, Geldbeutel und Handys gestohlen. Aber dass einer ausgerechnet Katzen klaut, verstehen viele Menschen nicht. Bedauerlicherweise gibt es da schon gewisse Gründe, weshalb Katzen entführt bzw. gestohlen werden können.

Kommerzielle:
Katzenfell, Tierversuch, Tierzucht, Tierverkauf, etc.

Emotionale:
Irgendwelche Racheaktionen nach Auseinandersetzungen oder lang andauernde Feindschaften, Eifersucht, etc.

Sonstige:
Rituale der schlechten Art.
Jagdobjekte für Hunde.

# Luzio

*Einmal im Jahr waren sie da. Darauf konnte ich mich so sicher wie auf das Amen in der Kirche verlassen. Dieses bereits inzwischen seit fünf Jahren. Nicht nur dass ich mich an diese Feriengäste gewöhnt hatte, die jeden Sommer in das letzte Haus in der oberen Straße für zwei Monate einzogen, nein ich liebte sie inzwischen heiß und innig. Die ganze komplette Familie. Alle Familienmitglieder verwöhnten mich nach Strich und Faden, jeder von ihnen dabei auf seine eigene Art und Weise. Ich erhielt auserlesene Leckereien, wurde überhäuft mit Kraul- und Streicheleinheiten, hörte wundervolle Kosenamen und die Kinder spielten ausgiebig mit mir. Es war das reinste Paradies. Denken Sie nun bitte nicht, dass es mir in meinem Zuhause schlecht gehen würde, ganz sicher nicht. Aber ich teilte mein Zuhause mit vier weiteren Katzen und stand in der Rangfolge eher am Schluss, da ich ein zu klein geratener Kater war und meine Mitkatzengenossen durchsetzungskräftiger als ich waren. So lernte ich aus der Not heraus mit meinem Charme zu punkten, eben bei anderen Leuten. Sie kennen das sicher, wenn einem die ungeteilte Aufmerksamkeit geschenkt wird, fühlt man sich einfach besser. Bei der Familie Malzahn war ich der kleine lustige Katzenkönig, der sie mit Späßchen um die zarte Pfote wickelte. Tagsüber sprang ich gleich nach meinem Frühstück zuhause zu ihnen, in die obere Straße und wartete geduldig an ihrem Küchenfenster, bis dieses von ihnen geöffnet wurde. Sie pflegten spät aufzustehen und sich im Garten an einen üppig gedeckten Frühstückstisch zu setzen. Sie hatten jedes Mal gut aufgetafelt, an einem Tag präsentierten sich frischer Sahnequark, Brötchen, Geflügelwurst, halbgar gekochtes Hühnerei auf dem großen Tisch, am nächsten Tag duftende Lachsscheiben kombiniert mit herzhaftem Thunfischsalat. Können Sie da widerstehen? Ich konnte es nicht. Die Menschen lachten viel und waren sehr fröhlich. Die Kinder übten mit mir kleine Kunststücke ein. Jedes mal, wenn ich ein Kunststück*

gelernt hatte und ihnen vorführte, wurde ich belohnt. *Das waren eben traumhafte Zustände. Am liebsten wäre ich für immer bei ihnen geblieben.* Ich konnte mich daher nie daran gewöhnen, dass sie nach zwei Monaten verschwanden. *Dann trauerte ich jedes Mal einige Zeit wenn sie fortfuhren.* Ich genoss dieses Jahr wieder die kurze Ferienzeit ausgiebig mit ihnen. *So wollte ich auch dieses mal nicht wahrhaben, dass sie abgereist waren.* Ein paar Tage lang schlich ich immer wieder um das Haus in der Hoffnung, dass sie doch wieder zurückkommen würden – vielleicht doch noch in diesem Jahr. *So ebenfalls auch heute wieder.* Obwohl ich wusste, dass sie weg waren, suchte ich automatisch nach ihnen. Ich bemerkte nicht, dass ich beobachtet wurde und schlenderte unbedacht um das Haus herum. *Etwas folgte mir klammheimlich.* Zu spät bemerkte ich das Ungetüm, welches urplötzlich vor mir stand und mich gierig anstarrte. *Eine Schrecksekunde verharrte ich, versuchte einzuschätzen was das war, dann rannte ich so schnell ich konnte los, um zu flüchten.* Da, ein kleiner Spalt am Haus, hastig zwängte ich mich durch und fiel durch einen hohen Schacht unsanft auf den Boden. *Über mir war ein Gitter, das seitlich eine schmale Öffnung hatte.* Ich blickte hoch und sah wie ein großer, hungrig scheinender Fuchs auf mich lauerte, dass ich hier wieder herauskomme, was ich im Moment ganz gewiss nicht vorhatte. *Offenbar hatte dieser Fuchs sehr viel Zeit.* Lange wartete er in der Hoffnung ich würde herausklettern, denn aufgrund seiner Größe kam er nicht durch diesen Gitterspalt. *Ich wollte mich nicht von ihm verspeisen lassen und verharrte in dem Schacht, der mir vor ihm Sicherheit gewährte.* Irgendwann trollte er sich aufgrund des vergeblichen Wartens davon. Ich sah meine Chance und wollte auf dem schnellsten Weg wieder heimwärts, da sich die Nacht über den Platz legte. *Ich sprang hoch, rutschte an den glatten Wänden aber immer wieder ab.* Mit aller Stimmkraft maunzte ich flehendlich so laut ich konnte. „Rettet mich bitte vor dem Fuchs", klagte ich. *Doch keiner hörte mich.* Ich begann mich am nächsten Morgen ernsthaft zu ängstigen. Ganz sicher wurde ich vermisst, zwar nicht unbedingt von meinen Mitkatzen, sondern eher von meiner Dosine. Gewiss hatte sie sich auf die Suche nach mir gemacht. Ein weiterer Tag verging. Immer noch hatte mich keiner gefunden. Weil ich hungrig war, hielt ich mich an die kleinen Käfersnacks, die durch das Gitter fielen. Dies war zwar eine eher ungewöhnliche Kost, aber in der Not frisst bekanntlicherweise der Teufel Fliegen. Dies hieß für kleine Katzen wie mich, dass ich mich an Käfer und Regenwürmer hielt, dschungel-campmäßig eben. Auf einmal näherten sich Schritte, eine mir unbekannte Frau näherte sich mit einem Eimer Wasser und begann die Fenster des Hauses zu putzen. Ich ergriff meine Chance und maunzte nach Kräften, was meine Stimme zuließ. Vor Schreck ließ sie den Eimer fallen. Ein nach Chemie stinkender Wasserfall ergoss sich über mich. Igitt! Dann entdeckte sie mich endlich. Ich muss bedauernswert ausgesehen haben. Besorgt versprach sie mir schnellstens Hilfe zu holen. Die trat auch kurze Zeit später ein. Ihr Göttergatte, bewaffnet mit einer ohrenbetäubend lauten Metallsäge, trat an, um das Gitter zu entfernen. Ich war total entnervt. Nach einer Weile legte er die Säge beiseite und zog den Gitteraufsatz hoch. Er wollte keine Zeit verlieren. Dann holten sie eine Leiter und kletterten in den Schacht hinein. Verunsichert drückte ich mich in eine Ecke und machte mich noch kleiner als ich schon war. Es half nichts, ich landete in einem Katzentragekorb und war schneller zuhause als ich gehofft hatte. Meine unerschrockenen Retter waren die Leute, denen dieses Ferienhaus gehörte. Anhand der im ganzen Ort verteilten Suchzettel hatten sie schnell erkannt, wo ich wirklich zuhause war und brachten mich schleunigst dorthin. Meine eigene Menschenfamilie war unendlich erleichtert als ich zurück gebracht wurde. Das Ehepaar das mich brachte, erhielt von ihnen am folgenden Tag einen wundervollen Geschenkkorb mit allerlei kulinarischen Genüssen, über die man sich als Mensch freuen kann. Sie schlossen Freundschaft mit dieser Nachbarschaft, die sie bis dahin nie sonderlich wahrgenommen hatten. Und was mich betraf - auch mein Leben änderte sich ab diesem Zeitpunkt. Meine eigenen Leute wussten endlich was sie an mir hatten und schenkten mir von nun an mehr Aufmerksamkeit. Ich selber hatte daraus gelernt und wurde vorsichtiger und wachsamer. So hatte diese leidige Angelegenheit doch noch ein gutes Ende gefunden.

# Die Tricks der Katzenfänger

Diese Sorte von abscheulichen Homo sapiens, bereiten Katzenhaltern und Ihren Fellnasen immer wieder große Sorge und Not. Jede von ihnen gefangene Katze erlebt ein Drama, welches sie zum großen Leidwesen nicht immer überlebt.

Da stellt man sich viele Fragen, um diesem Unglück vorzubeugen. Doch woran kann man erkennen wer ein Tierfänger ist? Wie gehen diese Menschen vor und welche Fang- bzw. Lockmethoden verwenden sie? Zu welchen Zeiten arbeiten sie? Mit wem arbeiten sie Hand in Hand? Wie gefährlich sind sie für einen selber? Wie kann man seine Katze und sich vor diesen Menschen schützen?

Immer wieder gehen Meldungen bei den Behörden und der Polizei ein, wenn Katzenfänger gesichtet wurden, oder reihenweise Katzen verschwanden.

Vielerlei Fakten sind über diese Katzenfänger bekanntgeworden. So dass sie im Frühjahr und im Herbst, zu unterschiedlichen Tageszeiten wie frühmorgens, spätabends oder nachts, in den Bundesgebieten unterwegs sind.

Aufmerksam sollte man sein, wenn Fahrzeuge auffällig langsam im Wohngebiet umherfahren, oft mit einem auswärtigen Kennzeichen. Oft passiert dies auch kurz vor oder nach gewissen Kleider- oder Schuhsammelaktionen, wenn diverse Plastiksäcke im Briefkasten liegen, oder ungefragt Behälter an die Häuser und auf das Grundstück gestellt werden. Dann sollte man am besten beim Ordnungsamt anrufen und fragen ob diese Sammlung überhaupt genehmigt wurde, was eher selten praktiziert wird.

Schauen Sie ganz genau hin. Außerdem kann es vorkommen, dass unauffällige Damen (gelegentlich älter) sich bei ihren Spaziergängen in den Wohngegenden umschauen, um zu notieren, wo sich Katzen befinden, oder anhand von Erkennungsmerkmalen wie Katzenklappen, Futterschälchen und mehr dort leben könnten.

Schützen kann man sich, wenn man gewisse verdächtige Fahrzeuge oder Personen bei der Polizei meldet. Scheut man sich davor das zu tun, könnte man selber auffällig die Nummer des Fahrzeuges notieren oder Fotos machen. Das wirkt garantiert abschreckend. Schreiben Sie dann sicherheitshalber zusätzlich noch das Datum und die Zeit auf. Manche dieser Fahrzeuge haben versteckte Platten im Boden.

Ich selbst erlebte einmal wie ein VW-Bus mit drei Männern, von scheinbar östlicher Herkunft morgens gegen 8:00 Uhr in einen Privatweg hochfuhr (verbotenerweise) und hinter dem Haus wendete. Dann stieg einer aus und verteilte die Eimer auf dem abgelegenen Grundstück, während die zwei anderen Männer die Gegend beobachteten. Das beunruhigte mich sehr. Also ging ich schnell hinaus und gab ihnen den ersten Eimer den ich zu fassen bekam wieder zurück. Dann machte ich ihnen klar, dass sie alle Eimer wieder mitnehmen sollten und nie mehr herkommen bräuchten. Die Schimpfwörter mit denen sie mich titulierten, ignorierte ich gelassen und folgte ihnen solange, bis sie abfuhren. Das hatte sie fürchterlich genervt. Es wäre mir recht gewesen, wenn sich noch ein Nachbar aus dem Haus gewagt hätte. Aber die meisten schliefen noch oder waren bereits auf dem Arbeitsweg. Nächstes Mal schnappe ich mir einen griffbereiten Fotoapparat und informiere gleich die Polizei. Was die Altkleidersammlungsaktionen betrifft, sind in vielen Orten eigene Grossbehälter aufgestellt. Oft gehen die gesammelten Stücke bei temporären Kleidersammlungen nicht an die angegebenen Hilfsbedürftigen, sondern an kommerzielle Unternehmen.

Es gilt der gutgemeinte Ratschlag, seine Katze niemals unbeaufsichtigt draußen herumlaufen zu lassen. Aber es ist nicht einfach seine agile Katze draußen ständig zu beaufsichtigen, da man ihr aus Zeitgründen oder gar konditionellen Gründen, nicht immer nachfolgen kann. Dennoch ist es hilfreich ab und zu nach ihr zu schauen. Katzenfänger können überall sein, an Ortsrändern, in Wohnorten oder in Gewerbegebieten. Sie verwenden neben Fallen zudem auch Lockmittel oder Betäubungsstoffe, manchmal sogar direkte Gewalt. Gerne nutzen die Tierfänger auch die Zeiten der Sperrmülltermine oder Umzüge von Personen, bei denen es derweilen chaotisch zugeht.

Was kann mit den Katzen passieren?

Für Rheumadecken oder Felldekotierchen (Echthaar) wird den Katzen im lebendigen Zustand ihr Fell abgezogen, weil das einen schönen Glanz geben soll. Übrigens ist Microfaser viel wärmender als Katzenfell bei Rheuma.

Von unseriösen Jägern werden Katzen gefangen, als Jagdübungsobjekte benutzt und schließlich getötet oder von den Hunden gerissen.

Näheres unter:

www.zwangsbejagung-ade.de/erfahrungsberichte/treibjagdaufunseremgrundstueck/index.html
www.abschaffung-der-jagd.de/index.html

In Tierversuchsanstalten sterben Katzen meist ebenfalls einen langsamen und qualvollen Tod nach den Versuchen, beispielsweise als Vergleichstiere für Futterproben oder anderes.

Wie kann man sich davor schützen, dass die Katze ein derartiges Schicksal erleiden könnte?

Manche Katzenbesitzer färben ein Stück Fell ihrer Katze mit ungiftiger, nichtauswaschbarer Farbe oder schneiden die Fellhaare unregelmäßig aus dem Fell.

**Hinweis:**
**Bei dem Färben des Felles Ihrer Katze fragen Sie besser den Tierarzt ob er Ihnen Bezugsquellen von ungiftigen Farben nennen kann.**

# Clara

Dieser merkwürdige säuselnde Unterton weckte mein gesundes von Erfahrung geprägtes Misstrauen, obwohl Rudolf, mein Herrchen, mich mit einer verlockenden Chruncidose lockte. Ich zögerte und ließ ihn auf dem Boden vor mir krabbeln. Doch dem schüttelnden Geräusch der Dose konnte ich dann doch nicht widerstehen. So tapste ich zögerlich zu den am Boden liegenden Chruncis und schnappte mir das erste welches in meiner Nähe landete. Da - ein schneller Griff von Rudolf und schwupp landete ich in der Transportbox, die ich so verabscheute, wie der Teufel das Weihwasser. Ich fand es nun wirklich fies von ihm, mich so heimtückisch auszutricksen. „Ich bin bald zurück", rief er seiner Frau Anja zu. Empört schnatterte ich ihn während der gesamten Autofahrt durch meine Katzenbox an.

Die Tierärztin untersuchte mein Pfötchen, an dem ich mich gestern verletzt hatte. Auf dem Holzzaun des Nachbarn hatte ich einen hervorstehenden Spreißel übersehen und war beim Herüber springen mit meiner rechten Hinterpfote direkt hineingetreten. Das tat schon ziemlich weh. Rudolf hatte mir den Holzspreißel zwar mit einer Pinzette herausgezogen, aber ein kleines Stück übersehen. So hinkte ich am nächsten Tag mit schmerzendem Pfötchen umher und der Entschluss meiner Katzenhalter, mich deshalb tierärztlich behandeln zu lassen stand fest. Daher untersuchte mich die Tierärztin gründlich und entfernte den Spreißelrest. Ich spürte einen kleinen Piks und fauchte die Ärztin entrüstet an. Kommen Sie nächste Woche wieder, sprach sie zu Rudolf und gab ihm eine Salbe mit, die er einmal täglich auf mein verletztes Pfötchen cremen sollte, damit es schneller heilen würde. Wieder packte er mich in den Korb. An der Rezeption musste er noch etwas auf die Rechnung warten. Ich bemerkte, dass er vergessen hatte, die Riegel der Box richtig zu schließen und entwischte aus der Box. Bis er es bemerkte war ich auch schon an der Tür, die gerade aufging. Eine Frau mit einem imposant wirkenden Hund kam mir entgegen. Was wollte der in der Praxis, der sah doch gesund aus? Ich nahm Reißaus und flüchtete ins Freie. Rudolf sprang schnell hinter mir her, aber da rannte ich auch schon über die Straße. Die rasant vorbeisausenden Autos ängstigten mich und ich rannte bald im Zickzack davon. Kurz bevor ich die andere Straßenseite erreichte spürte ich einen gewaltigen Knall und verlor mein Bewusstsein. Die entsetzten Blicke von Rudolf und den anderen Menschen sah ich nicht mehr.

Zwei Passanten reagierten schnell und sperrten die Straße ab, so dass mich Rudolf aufheben konnte und zurück in die Praxis brachte – diesmal bedauerlicherweise als Notfall.

Was dann kam können Sie sich wohl denken. Es folgten noch mehr lästige Arztbesuche, Röntgenaufnahmen, Trichter und all die unangenehmen Dinge, die Katzen absolut nicht mögen. Dennoch hatte mein

Katzenschutzengel hervorragend über mich gewacht. Ich war am Leben und wurde glücklicherweise wieder vollständig gesund. Rudolf bekam von seiner Frau Anja eine lautstarke Standpauke zu hören. Er hatte ein fürchterlich schlechtes Gewissen aufgrund seiner Unachtsamkeit die folgenschwer war. Und ich? Jetzt sitze ich einige Wochen später bei Rudolf und lasse mir mein Fell von ihm kraulen.

# Tierdetektive

In der großen Not können einem Tierdetektive bei der Suche nach seinem verschwundenen Tier helfen. Bei der großen Anzahl von Tierdetektiven oder Detektiven ist es nicht einfach, den geeigneten herauszufinden. Denn Qualitätsarbeit ist leider nicht allzu häufig bei der Tiersuche, da Tieren nicht sonderlich viel Wert zugemessen wird, es sei denn, es sind prämierte Rassetiere. Manchmal wird bei den Tiersuchen auf die Hilfe eines hierfür ausgebildeten Spür-, Tiersuchhundes vertraut. Diese Suchhunde durchlaufen eine jahrelange spezielle Ausbildung für ihre Aufgabe, da sie vollauf verlässlich sein müssen. Das gilt ebenso für die Detektive, deren Qualifikation unerlässlich ist.

Mit der Beauftragung sollte man jedoch nicht allzu lange warten, da Tierspuren schnell verwischt sind.

Als Zeichen von Qualität gelten folgende Kriterien:
- Die Ausbildung ist nachweisbar.
- Die technische Ausrüstung ist vorhanden, instand und einsatzbereit. Es gehören außer einem verlässlichen Fahrzeug auch eine Lebendfalle, Geruchsartikel, Wilduhren, Nachtsichtgeräte, Distanznarkosezubehör usw. dazu.
- Erfahrungswerte und gut nachvollziehbare Referenzen zeichnen ebenfalls einen guten Tierdetektiv aus.
- Gute Kooperation mit Berufskollegen.
- Vorhandensein eines guten Suchhundes, Ausbildungsnachweis des Hundeführers.

Vorsicht bei Tierdetektiven wenn nachfolgende Anzeichen ersichtlich sind:
- Es ist keine Ausbildung erkennbar.
- Sie haben eine schlechte, zu kleine oder überhaupt keine Ausrüstung.

- Keine Erfahrung, keine Kenntnisse in den einzelnen Bereichen der Tiersuche, Sicherung der Tiere und ähnliches.
- Die Suche allein aus Angaben der Tierkommunikation zu starten.
- Keine Maßnahmen im Vorfeld wurden getroffen, um das vermisste Tier zu sichern, wenn es gefunden wird, aber noch nicht eingefangen ist. Das ist ein sehr großes Risiko, durch das dieses Tier abermals verschwinden kann, diesmal für immer.

Ein bekannter Tierdetektiv der sich sehr für vermisste und auch misshandelte Tiere einsetzt, ist Manfred Karremann, der für seine Arbeit schon einige Preise erhielt.

Mehr können Sie erfahren unter dem Internetlink:
http://www.animalnetwork.de/karremn.htm

# Maggie

Mir kam das gleich merkwürdig vor, wenn nicht gar schon sehr verdächtig. Wie immer tapste wie ich jeden Morgen in aller Frühe von meiner Katzenklappe aus ins Freie. Aber heute erschien mein Katerkumpel Nero nicht. Sonst kam er doch auch immer angesaust, um mir die Futterreste zu stibitzen, die ich auf meinem Frühstücksteller übrig gelassen hatte. So begann ich nach ihm zu suchen. Dabei ging ich systematisch vor. Doch selbst an seinen Lieblingsplätzen war er nicht zu sichten und ich roch auch keine frischen Spuren von ihm. Den ganzen Tag lang war er wie vom Erdboden verschluckt. Selbst in seinem Zuhause fand ich ihn nicht, als ich dieses durch sein Katzentürchen betrat. Allmählich wurde es für mich Zeit heim zu laufen, damit mich mein

Frauchen nicht vermissen würde. Ich schlüpfte durch die Türöffnung wo meine Dosine bereits ungeduldig auf mich wartete. Hastig, fast abwesend stellte sie mir mein Futter hin, um sich umgehend zu ihren Nachbarn an den Küchentisch zu setzen. Nachdem ich geschmaust hatte, spitzte ich meine Öhrchen, während ich mich unauffällig putzte. Aufgeregt unterhielten sich die Menschen. In ihren Stimmen mischten sich Angst und Besorgnis um Nero. Ich hörte heraus, dass er seit gestern Mittag verschwunden war. Genau an dem Tag, an dem auch die Tonnen der letzten Altkleidersammlung von mir unbekannten Personen abgeholt wurden. Keiner hatte gesehen, wer die Tonnen mitgenommen hatte. Aber es kam noch schlimmer. Genau fünf weitere Katzen in der Nachbarschaft waren seit etwa einer Woche als vermisst gemeldet. Es waren nicht gerade nur die zutraulichsten dabei. Das ließ mich aufhorchen. Unbemerkt schlüpfte ich noch einmal durch die Katzenklappe nach draußen, die meine Dosine in ihrer Aufregung vergessen hatte wie üblich zu verschließen. Ich machte mich abermals auf die Suche nach Nero. Dieses Mal schlug ich einen ganz anderen Weg ein. Ich erschrak, als ich ein unbekanntes Geräusch hinter mir hörte. Ein Mann packte mich brutal am Nacken und blickte mich prüfend an. Er war mir fremd. Zudem war ich empört so ruppig angefasst zu werden, sein Griff schmerzte mich sehr. „Ccrrrr!" fauchte ich ihn wütend an und zappelte. Mit Schwung schmiss er mich durch die offene Tür in einen Lieferwagen und wollte gerade die Tür zu schlagen. Doch mit meiner Schnelligkeit hatte er nicht gerechnet. Ich schoss mit Karacho noch knapp durch die sich schließende Tür. Der Mann fluchte laut und rannte mir nach. Im Schutz der Dunkelheit entkam ich ihm. Auf einem Hügel am Waldrand setzte ich mich und rang nach Luft. Ich versuchte mich zu beruhigen. Was um Himmels Willen führte dieser ungehobelte Bursche im Schilde? Schon wenig später sollte ich eine traurige Ahnung davon bekommen. Ich vernahm einen merkwürdigen Geruch, der immer intensiver wurde, je mehr ich mich näherte. Unter einem Baum stolperte ich über etwas. Ich erkannte das Halsband von meinem Freund Nero. Ungewöhnlich viele Fellbüschel lagen hier herum, was einen Kampf vermuten ließ. Aber auch außerordentlich viele und tiefe Fußspuren konnte ich erkennen. Wie Sie wissen, haben wir Katzen oftmals ein gutes Gespür für Schwingungen, aber diese, die sich hier ausbreitete, fühlte sich ernsthaft bedrohlich an. Mit einem massiv mulmigen Gefühl ging ich weiter dem intensiven Geruch nach, der sich zu einem Gestank entwickelte. Eine dumpfe und schwermütige Atmosphäre lag über diesem Platz. An der Waldlichtung neben dem Feldweg erblickte ich einen kleinen eigenartigen Hügel. Ich ahnte schreckliches. Der widerliche Gestank kam von dorther. Ich traute meinen Augen nicht. Was ich sah, weckte das blanke Entsetzen in mir und eine schreckliche Furcht. Ich nahm wahr, dass der Hügel aus verstorbenen Katzen bestand, beziehungsweise aus dem was noch von ihnen übrig war. So wie sie aussahen, mussten sie einen grauenvollen Tod erlitten haben. Voller Panik rannte ich wie von Sinnen nur noch davon, bis ich mein Heim erreicht hatte. Meiner Dosine, die mich draußen vor der Tür rief, rannte ich geradewegs in die Arme. Rasch trug sie mich ins Haus, verriegelte mein Türchen und verschwand mit einigen Leuten und einem Hund. Wie ich am nächsten Tag erfuhr, waren alle Katzenhalter der vermissten Samtpfoten in der Nacht unterwegs, um gemeinsam nach ihren Katzen zu suchen. Dabei hatten sie noch den Colliemischling einer Hundeführerin mitgenommen, der ihnen bei ihrer Suche behilflich sein sollte. Nach Mitternacht kamen sie zurück. Ich wusste, sie hatten das Entsetzliche, was ich gesehen hatte, ebenfalls entdeckt. Aber sie hatten glücklicherweise meinen Nero gefunden, schwer verletzt gefangen in einer metallenen Katzenfalle. Er wurde in die Tierklinik gebracht. Man war sich nicht sicher, ob er durchkommen würde, seine Verletzungen waren sehr ernst zu nehmen. Ich wusste ebenfalls um die schreckliche Tatsache, dass die anderen Katzen leider nie mehr zurückkehren würden. Noch in der Nacht wurde die Polizei alarmiert.

Die ganze Zeitspanne gestaltete sich sehr unruhig und laut. Ich erhielt wie die anderen noch übrig gebliebenen Katzen eine länger andauernde Ausgangssperre, was unser Leben komplett durcheinander brachte. Die Menschen in der Siedlung trafen sich regelmäßig, um sich zu beraten. Durch die Aufmerksamkeit und regelmäßige Information auch in Internetforen konnte eine verdächtige Spur verfolgt werden. Einige Wochen später ertappte man die Männer auf frischer Tat in einem anderen Bundesland. Dennoch war für einige Katzenhalter die Sache damit nicht vorbei. Sie waren endlich misstrauischer gegen derlei Sammelaktionen geworden. Viele hatten ihre geliebte Samtpfote für immer verloren. Ich selbst legte meine bisherige Unbefangenheit auf Unversehrtheit vollständig ab. Aber es gab im Übrigen auch etwas Gutes, ich hatte meinen Nero wieder. Allerdings hatten die Leute aus der Tierklinik ihm die Hinterpfote amputiert, da er sich diese durch die Falle so schwer verletzt hatte, dass sie nicht mehr zu retten war.

# Wenn die Katze lange Zeit nicht mehr aufzutauchen scheint

Auf einigen Internetseiten, insbesondere bei Tasso, sind wunderbare Geschichten zu lesen, dass Haustiere selbst nach Jahren wieder auftauchen können. Dabei können bis dahin bedauerlicherweise, tatsächlich einige Jahre ins Land gegangen sein. Der Halter hofft und wartet auf die Rückkehr seiner vermissten Samtpfote. Je länger er wartet, desto mehr schwindet der Glaube, dass die Katze zurückfindet. In dieser langen Zeitspanne haben viele Tierhalter inzwischen die Hoffnung aufgegeben, ihr vermisstes Tier jemals wiederzufinden. Weil viele sich ein Leben ohne Katze oder einem anderen Haustier nicht vorstellen können, zieht in diesem Fall oft ein neues Haustier bei den Menschen ein. Wenn man dann nach Jahren einen Anruf erhält, dass die Katze wieder aufgetaucht ist, fällt man aus allen Wolken. Warum nur ist das nicht früher erfolgt, fragt man sich mit gemischten Gefühlen. Natürlich ist die Freude sehr groß. Aber nun tritt ein neues Problem auf. Wie werden sich die Tiere verstehen? Wird es gut gehen? Wie verändert in ihrem Wesen ist die inzwischen wieder aufgetauchte Katze? Welchen emotionalen Bezug hat man zueinander oder muss diesen erst mühsam wieder aufbauen, weil das Tier vielleicht Schlimmes erlebt haben könnte und dadurch eventuell verstört ist? Wie vertraut oder fremd ist man sich? Wo war sie nur, was hat sie erlebt? Ist sie noch die Alte? Manche Zusammenführungen mit den wieder aufgetauchten und den neuen Haustieren funktionieren nur sehr mühsam oder überhaupt nicht. Im schlechtesten Fall steht man vor der Wahl, ein Haustier zur Weitervermittlung geben zu müssen, was ebenfalls für alle Beteiligten sehr schmerzhaft ist. Wie geht man am besten vor, um die Tiere aneinander zu gewöhnen? Die einen vertrauen auf die Vergänglichkeit der Zeit und die Gewohnheit miteinander zu leben, die anderen befragen Tierärzte, Homöopathen oder bitten Heilpraktiker um Rat. Wieder andere schwören auf die Wirkungskraft der Bachblüten und andere holen sich Rat bei anderen Katzenfreunden.

# Freddie

Ihr müsst verstehen, sobald ich den Kastenwagen an der Hausseite erblickte, der bereits seit Stunden dort stand, weckte dies meine Neugier. Vorsichtig näherte ich mich diesem Wagen. Die Türen standen offen. Ich streckte mein Köpfchen hoch, um besser in das Wageninnere zu sehen, als ich plötzlich Geräusche hörte. Zwei Männer kamen in eiligen Schritten zum Wagen. Beide trugen sie anthrazitfarbene Arbeitskittel mit einem auffälligen Schriftzeichen. Sie holten eine riesige Kabelrolle aus dem Lieferwagen und gingen dann wieder in das Haus hinein. Mit einem großen Satz sprang ich in das Auto. Ich sah jede Menge Kisten, Kabel, Werkzeuge und Schrauben mit denen es lustig zu spielen war. Einige der Schrauben pfefferte ich mit einem kräftigen Pfotenhieb aus dem Wagen. Just in dem Moment, indem ich den Schrauben hinterher springen wollte, vernahm ich wieder die Schritte der herankommenden Männer. So versteckte ich mich rasch hinter einer großen Kiste. Sie schlossen die Türklappe und es wurde schlagartig dunkel. Ein großer Schreck durchfuhr mich, als der Motor mit lautem Getöse ansprang und sich das Fahrzeug bewegte. Oh nein! Warum bin ich nicht rechtzeitig herausgesprungen? Ich begann mich zu ängstigen. Einige Zeit später stand das Auto still. Da wurde die Türklappe geöffnet. Mit einem gewagten Sprung setzte ich an den verdutzten Männern vorbei und sauste eiligen Pfötchens in irgendeine Richtung davon, bis ich sie beide nicht mehr sah. Erst dann begann ich meine Umgebung zu realisieren. Wo war ich denn hier nur gelandet? Alles war so fremd. Die vielen übergroßen Gebäude und Hallen, die viereckig und flachdächig in der leergefegten Straße standen, kannte ich nicht. Wie nur sollte ich mein Zuhause wieder finden? Durch die Fahrt und das Gerumpel im Fahrzeug hatte ich jegliche Orientierung verloren. Hier entdeckte ich absolut nichts Vertrautes. Zu allem Überfluss war es auch noch Nacht geworden. Betrübt rollte ich mich auf dem einsamen

Fabrikgelände zu einem Knäuel ein und sinnierte philosophisch über das Leben im Allgemeinen nach. Ich sah hoch zum Mond, der einer Sichel glich und hoffte auf eine Antwort. Wenig später erhielt ich diese auch überraschenderweise. Ich traute meinen Ohren kaum. Das Geräusch dieses Fahrzeuges, welches eben ungewöhnlich langsam vorbei fuhr, kam mir sehr bekannt vor. Aber dann war es auch schon weg. Ich nickte wieder ein. Da vernahm ich leise Rufe. Das war doch – ja, es hörte sich unverwechselbar nach meinen Leuten an. Sie riefen immer wieder meinen Namen. Mit lautem Freudengemaunze rannte ich ihnen affenzahnmässig schnell entgegen. Sie hatten mich gesucht und gefunden! Nun, etwas später lag ich satt und zufrieden im Körbchen meines Zuhauses. Sicherlich wollt Ihr wissen, woher meine Dosine wusste, wo ich mich befinden konnte. Ich will es Euch verraten. Als ich an den überraschten Männern vorbeisauste, fuhren diese zu dem Haus, in dem sie zuletzt gearbeitet hatten, zurück. Dort fragten sie die Bewohner wer mich kannte und beschrieben mich so gut wie sie mich wahrgenommen hatten. So erfuhren meine Leute von meinem Verschwinden und konnten das Gebiet absuchen. Die zwei Handwerker freuten sich sehr über den üppigen Geschenkkorb von meinen Leuten, der mit allerlei feinen Spezialitäten gefüllt war.

## Was tun bei zugelaufenen oder gefundenen Katzen?

Nicht alle zugelaufenen Katzen sind Streuner ohne Halter. Manchmal haben sie sich nur verirrt, sind auf Brautschau oder einfach nur neugierig. Zuweilen sind diese Katzen scheu und lassen sich nicht anrühren. Kritisch wird es insbesondere dann, wenn bei ihnen äußere Verletzungen bzw. Anzeichen von Verwahrlosung erkennbar sind oder sich motorische Störungen zeigen. In diesem Fall benötigt die Katze unabdingbar tierärztliche Hilfe. Gut ist es dann, wenn Sie die Katzen und deren Halter in Ihrer näheren Umgebung kennen. Allerdings werden auch manche Katzen einfach zu Streunern erklärt, damit sich bequeme Mitarbeiter von Behörden aus ihrer Verantwortung ziehen können.

Wenn Sie eine zugelaufene Katze aufnehmen, kann ein Tierarzt oder Mitarbeiter des Tierheims durch scannen der Katze prüfen, ob das Tier gechipt ist und somit seinen Halter ermitteln. Hoffentlich ist die Katze dann auch bei Tasso registriert. Wenn nicht, kann man durch Suchmeldungen anderer Internetseiten herausfinden, ob diese Katze vermisst wird. Andernfalls ist es ratsam selbst eine Suchanzeige aufzugeben. Beschreiben Sie dann aber bitte nicht jedes einzelne Detail, da sonst ein Tier in falsche Hände, wie beispielsweise die von Erpressern, geraten könnte.

Oft helfen hier Gemeinde- oder Rathausmitarbeiter Ihnen die Suchanzeige in die jeweiligen Ortsblätter zu bringen.

Es ist immer wieder herzerfrischend, die Wiedersehensfreude des Tierhalters zu erleben, wenn dieser seine vermisste Katze zurückerhält. Dieses erlebte ich bei allerlei gefundenen Tieren wie Schildkröten, Katzen und Hunden.

Geraten Sie als Finder eines Tieres bitte nicht in Versuchung, die Rückgabe dessen an seinen Halter zu verweigern. Erstens ist dies eine Straftat und zweitens mit ungeahntem Leid für die Betroffenen (Tier wie Besitzer) verbunden. Sie wollen doch keinen Schaden anrichten? Es könnte Ihnen sonst passieren, dass dieses Tier von der Polizei bei Ihnen abgeholt wird. Haben Sie Bedenken um die Rechtmäßigkeit des Halters oder Sie vermuten einen Tierquäler, kann Ihnen im Gegenzug die Polizei oder der Tierschutz beratend zur Seite stehen.

Ein weiteres Beispiel einer fatalen Verhaltensweise nach einer Tierfindung handhabe eine Dame, die feststellte, dass es nicht ihre Katze war die sie gefunden hatte, sondern eine andere. Anstatt dieses Tier zu sichern und seinen Halter ausfindig zu machen, setzte sie es in einer fahrlässigen Art und Weise an der Stelle aus, an der sie es gefunden hatte. Was mit der Katze passieren würde, interessierte diese „Tierfreundin" nicht im geringstem. Sie war der festen Meinung, dass die Katze ihren Weg von selbst heim finden würde. Eine völlig verantwortungslose Handlungsweise, deren Ausgang sehr dramatisch enden kann.

# Demoiselle

Der neue Freund meines Frauchens Kerstin, Herr Lausig, war sehr verärgert über mich. Das spürte ich ganz genau, selbst wenn er es Kerstin gegenüber nie direkt verlauten ließ. Dabei war ich adrette, blütenweiße und flauschige Katze einfach nur traumhaft schön und dazu noch äußerst sensibel und mitfühlsam. Immer wieder bemühte ich mich das Herz dieses Mannes zu erweichen. Schließlich wollte ich doch nur, dass meine Dosine glücklich war. Leider gehörte hierzu auch dieser Mann. Dabei fand ich ihren letzten Freund um Welten besser. Weshalb sich die beiden getrennt hatten, war mir unbegreiflich. So probierte ich alles nur Erdenkliche aus, um diesen Herrn Lausig einmal auch mir gegenüber freundlich zu stimmen. Oft strich ich um seine Füße und setzte mein süßestes Lächeln auf um ihn milde zu stimmen. Ich versuchte es mit Schnurren in unterschiedlichen Tonlagen. Einmal brachte ich ihm sogar als Zeichen meiner Freundschaft eine Maus, die ich unter schwierigen Umständen erlegt hatte und legte sie an seinen Frühstücksteller. Das Geschrei von ihm habe ich noch heute in meinen zarten Öhrchen. Es half alles nichts. Es störte ihn, wenn ich von Kerstin zuerst mein Essen bekam und nicht er. Schon gar nicht, wenn er es nicht rechtzeitig erhielt, denn dann wurde er ungehalten. Dass sie mich auch zuerst begrüßte störte ihn enorm. Er nörgelte und beklagte sich immer wieder über die angeblich unnötig große Aufmerksamkeit, die ich von Kerstin erhielt. Er meinte, dass Kerstin sich doch bitte mehr um ihn kümmern sollte, als um dieses Mistvieh von Wuschelkatze, die man in jedem Tierheim abholen könne, aber so ein Prachtexemplar von Mann nicht alle Tage treffen würde. Schließlich habe er ihr erst unlängst eine wertvolle Halskette geschenkt. Auch dieser vermeintlich kostbare Ring als Zeichen seiner Liebe müsste sie doch überzeugen, dass er unersetzlich sei. Nun, sein Glück war, dass Kerstin in Sachen Schmuckkenntnisse eine absolute Niete war. Ihr konnte man einen billigen Zirkonia-Ring für einen wertvollen Diamanten-Ring vorgaukeln. Auch in Sachen „Männer" hatte sie wohl leider ihren bisherigen Verstand und ihr Urteilsvermögen an ihrer Kleidergarderobe, die durch den neuen Mann ständig erweitert wurde, abgegeben. So bekam sie auch nicht mit, dass wenn sie aus dem Hause war, ihr „werter" Herr Lausig gelegentlich nach mir trat. Auch erhielt ich mein Futter nicht mehr so regelmäßig, wenn sie abwesend war. Eines Tages hatten sie zum ersten Mal einen so fürchterlichen Streit, dass ich entsetzt hinter das Sofa kroch. Sie hatte herausbekommen, welche attraktive Damen er außer ihr, noch alles „Mausi" nannte und war außer sich vor Wut und Enttäuschung. „Dann bin ich also die dritte Mausi bei dir, du Möchtegerncasanova", schrie sie ihn an und pfefferte ihm den billigen Verlobungsring direkt vor seine Füße. Sie packte all seine Sachen, die in ihrer Wohnung herumstanden und schmiss sie mit ungeahntem Schwung vor die Wohnungstür, ihn schubste sie gleich hinterher. Den ganzen Abend war ich beschäftigt, Kerstin zu trösten. Sie hatte seine Untreue herausbekommen, als ich ein pikantes Kleidungsstück, das fürchterlich nach einem unbekannten Parfüm stank, aus seiner Sporttasche gezogen hatte und es in die Sofaecke schleifte. Dazu noch kam Kerstin früher als üblich heim. So sind halt eben die Zufälle, die aufdecken was nicht sein soll oder aber was man sich nicht wünscht. Wie gewohnt ging sie am nächsten Tag wieder an ihre Arbeit. Ich war erleichtert, dass kein Herr Lausig mehr da war, der mich schlecht behandelte. Meine Kerstin erschien mir wieder entspannter und kümmerte sich mehr um die wichtigen Dinge, wie beispielsweise um mich. Bis eines Tages mittags die Tür aufging. Ich war vollkommen perplex als ich Herrn Lausig erblickte, der mich mit einem unheimlichen Grinsen ansah. „Du Mistvieh bist schuld, dass es mit Kerstin aus ist", sagte er mit einem gefährlichen Unterton zu mir. Leider hatte Kerstin vergessen, ihr Türschloss auszuwechseln als sie ihn aus der Wohnung verwies. Ich war zu erstarrt um ihm zu entkommen. Mit einem groben Griff packte er mich am Nacken und schmiss mich in eine Kiste. „Dir mach ich den Garaus" herrschte er mich an und knallte den Deckel zu. Dann landete diese Kiste, in der ich mich befand in seinem Kofferraum. Ich bekam eine panische Angst. Was hatte er mit mir vor? Wollte er mich umbringen? Mit aller Kraft scherrte ich in dieser Holzkiste und stemmte mich gegen die Wände. Das Auto setzte sich in Bewegung. Oje, ade liebe Kerstin, ade schönes Zuhause. Vielleicht sehe ich euch nie wieder. Unterdessen war Kerstin wie jeden Abend pünktlich heimgekommen. „Demoiselle, Demoiselle, wo bist du?" säuselte sie und suchte mich in jedem Winkel ihrer 160 qm$^2$ großen Wohnung. Sie wurde panisch als sie mich nicht fand. Hatte sie mich wohl am Morgen versehentlich herausgelassen? Sie rannte durch das ganze Haus, suchte alle Winkel und Ecken ab, befragte ihre Nachbarn, aber keiner hatte irgendwas von mir bemerkt. Stunden später war sie vollkommen verzweifelt und in Tränen aufgelöst. Da klingelte ihr Telefon, ein Polizist mit ernster Stimme, bat sie in die Polizeistation. Mit bangem Gefühl machte sie sich auf den Weg und überschritt dabei natürlich sämtliche Geschwindigkeitsvorgaben. Auf der Wache sah sie Herrn Lausig. „Hast Du meine Katze entführt?" fragte sie ihn entrüstet, aber er antwortete nicht. Der Polizeibeamte unterbrach sie und führte sie in ein anderes Zimmer. Er erklärte ihr explizit, dass Herr Lausig mit seinem Wagen in einen Unfall geraten war und die Beamten bei der sorgfältigen Fahrzeugüberprüfung dabei auch die Katze im Kofferraum entdeckt hatten. Da sie durch den Aufprall verletzt wurde, hatte man sie in die Tierklinik gebracht. Verdacht dass etwas nicht stimmte, schöpfte der Beamte, weil sich Herr Lausig sehr merkwürdig verhalten hatte. Außerdem gehören Katzen nicht in den Kofferraum, schon gar nicht in einer ungesicherten Kiste, war seine Meinung. Der Polizist erzählte Kerstin von seinen eigenen Katzen. Er beriet sie ausführlich, was sie gegen den „feinen" Herrn Lausig, selbstverständlich aus rechtlicher Sichtweise, unternehmen konnte. Meine Dosine konnte mich erst nach einer Woche aus der Tier-

*klinik abholen. Bei dem Autounfall wurde die Kiste im Kofferraum her-*
*umgeschleudert und ich erlitt innere Prellungen. Herr Lausig erhielt*
*eine Anzeige wegen Entführung einer Katze und wurde glücklicherwei-*
*se rechtmäßig verurteilt. Seither ist Kerstin vorsichtiger bei ihrer Part-*
*nerwahl und ich habe endgültig ein gleichberechtigtes Mitstimm-*
*maunzrecht. Ich wünsche mir für sie einen netten Mann, der für mich*
*einen freundlichen Kater mitbringen würde, damit ich nicht mehr so*
*alleine war wenn sie gar so viele Überstunden leistete. Dieser Wunsch*
*ging schneller in Erfüllung als ich zu hoffen gewagt hatte.*

# Tierkommunikation im Vorfeld üben

Über die Kommunikation mit Tieren, gehen die Meinungen weit auseinander. Der eine greift sich an den Kopf und hält die Menschen für vollständig verrückt oder absonderlich, die mit ihren Tieren oder sogar mit Pflanzen sprechen, wieder andere befürchten, sie brauchen dafür ein langjähriges Studium. Sicherlich kann man in speziellen Kursen lernen, mit seinen Tieren auf gewisser Ebene zu sprechen, bzw. Kontakt aufzubauen.

Allgemeine Bedeutung:
In der Kommunikation mit seiner Samtpfote ist es möglich, sich mit unterschiedlichen Ausdrucksformen zu verständigen. Hierzu zählen beim Menschen das Sprechen, die Tonlage, der Blickkontakt und die Gestik dazu. Im Falle der Katze benutzt diese bei der Kommunikation mit ihrem Menschen unterschiedliche Maunzlaute, die kurz oder langgezogen, fragend oder fordernd, stumm oder laut klingen. Die Katze hat das besondere Talent mit ihrem Blick einen Menschen dazu zu bewegen, wenn dieser denn bereit dazu ist, Kontakt zu ihr aufzunehmen oder diesen zu unterlassen. Sie geht hierbei sehr subtil und fast unmerklich vor, was nicht immer leicht zu erkennen ist oder falsch gedeutet werden kann.

Kommunikation mit der eigenen Katze:
Überwiegend läuft die Kommunikation mit einem Haustier automatisch ab, ohne dass man sich im Alltag allzu viele Gedanken darüber macht. Um eine gute und verständige Kommunikation zu seiner Fellnase aufzubauen, gilt es einiges vorher abzuklären. Man kann sich überlegen auf welche Art und Weise man sich bisher miteinander verständigt hatte und die Kommunikation künftig aufbauen möchte. Welche Unterschiede bestehen zusätzlich in der Katzensprache im Gegensatz zur Menschensprache? Macht es Sinn sie zu fördern oder kann man die Kommunikation so belassen, wie sie besteht? Das Arbeiten an einer besseren Kommunikation bedeutet natürlich zusätz-

liche Mühe und Zeitaufwand. Das ist einigen Personen schon in ihrer Familie oder Ehe zuviel, wieso denn dann auch noch mit dem eigenen Haustier den Aufwand betreiben? Ganz einfach, Missverständnisse oder unerfreuliche Überraschungen treten durch eine gute Kommunikation seltener auf, man streitet sich weniger und ist im Allgemeinen glücklicher. Das müsste man ebenfalls aus menschlichen Beziehungen kennen, wenn man lernt die Sprache des anderen zu verstehen, oder in dieser zu sprechen. Ich machte die Erfahrung, dass Katzen noch mehr Maunzlaute, sich gar ein ganzes Maunzalphabet aneignen, wenn man regelmäßig mit ihnen spricht. Dadurch werden sie zutraulicher, sind leichter zu handhaben und wirken zufriedener. In wenigen Fällen kann man mit ihnen eine ausführliche Diskussion und Kommunikation pflegen. Wie jedes Wesen, lieben sie eine freundliche und ruhige Ansprache mit sparsamer Gestik. Ihre Möbel oder sonstige Haushaltsgegenstände sind dann ebenfalls weniger durch Kratzattacken belastet. Auch ihr Nervenkostüm als Halter, wie ferner ihr Geldbeutel durch eine regelmäßige und vertrauensvolle Kommunikation seltener belastet wird. Es kann sogar soweit kommen, dass Ihre Katze besser auf Ihr Wort hört als der Hund des Nachbarn auf sein Herrchen. Dies erlebte ich einmal selber in der Kommunikation mit meinen Katzen und amüsierte mich insgeheim darüber.

Näheres zur Tierkommunikation:
Inzwischen wurden einige Bücher über Tierkommunikation verfasst und veröffentlicht, die sehr interessant und informativ zu lesen sind. Sie helfen dabei mit, die Kommunikation zu seinem eigenen Tier zu verbessern. Im Vermisstenfalle des Tieres, hat man somit bessere Möglichkeiten sein Tier wiederzufinden oder es wieder zu sich zurückzuleiten. Dies erspart viel Unsicherheit und Leid.

Kurse für Tierkommunikation:
Jedem ist der Zugang zu diesen Kursen möglich. Flyer und Angebote, die Sie am besten auf deren inhaltliche Qualität vergleichen, liegen oft in Buchhandlungen, Tiershops, Tier-, und Esoterikmessen und anderen Einrichtungen aus. Die Angebotspalette, Kursinhalte und Preise gestalten sich verschieden.

Anbieter von Tierkommunikation:
Inzwischen existieren unzählige Tierkommunikatoren. Ihre Qualifikationen sind nicht immer gleich, da es verschiedene Ausbildungsmöglichkeiten gibt. Ebenfalls ist ihr Erfolg nicht bei jedem Anbieter sicher zu stellen. Einige von ihnen verfügen über eine langjährige und gute Erfahrung in ihrem Aufgabengebiet, andere weniger. Es stellt sich wie in jedem Beruf die Frage, aus welcher Motivation heraus dieser ausgeübt wird. Besteht dies aus Interesse an der Aufgabe oder eher an den Verdienstmöglichkeiten? Es ist schwierig, einen geeigneten Tierkommunikator zu finden. Bedenken kann man haben oder äußern, wenn man in einem Auftragsverhältnis mit einem Tierkommunikator, zusätzliche Angebote anzunehmen, die zu anderen Geschäftszweigen gehören, fast überredet oder gedrängt wird, weil man dies doch nötig bräuchte. Plötzlich hat man einen Warenkorb voller alternativer Zusatzprodukte oder Abos, die man vorher nie benötigte. Wenn Sie einen Tierkommunikator suchen, hilft es Ihnen am besten, einige Vergleiche zu ziehen und die Angebote einzuholen. Fragen Sie überdies nach Referenzen und hören Sie sich Erfahrungsberichte an.

Wenn Sie einen besonderen Draht zu Ihren Haustieren haben, kann es passieren, dass Sie einen Hilferuf von Ihrem Tier bzw. von Ihrer Katze, wenn sie in Not ist, erhalten und ohne dies zuordnen zu können automatisch nach ihr suchen. So geschah mir dies mit meiner Katze Lucky, eine eifrige Freigängerin. Zwei Stunden nachdem sie am Morgen nach ihrem Frühstück ihren außerhäusigen Aktivitäten nachging, durchfuhr mich auf einmal ein merkwürdiges Gefühl, welches ich mir nicht erklären konnte. Ich hörte mit meiner Hausarbeit auf und ging zu ihrem Lieblingsplatz über die Straße auf eine Steppenwiese, bei der stets sehr viele Spaziergänger mit ihren Hunden vorbei gingen. Ich war vollkommen fassungslos und erschrocken als ich sie regungslos auf dem Betonplatz neben der Wiese liegen sah. Starr blickte sie mich an. Erst dachte ich, sie wäre nicht mehr am Leben. Doch als ich sie ansprach, bewegte sie sich. Ihre Pfötchen waren so unglücklich in ihrem Halsband eingeklemmt, dass es ihr unmöglich gewesen wäre, zu flüchten, wenn sie in Gefahr geriete. Es war übrigens eins von diesen sich angeblich selbst öffnenden Halsbändern!

Um sich zu schützen, verharrte sie in eine Art der Starre. Ich hatte das Gefühl, dass sie mir auf einem gewissen Weg Signale sendete, damit ich sie fand. Ich nahm ihr das Halsband ab und prüfte sie auf Verletzungen. Glücklicherweise war sie unversehrt.

## Larissa

Als ich den ersten Knall hörte, zuckte ich entsetzt zusammen. Was war denn das? Schon knallte es wieder, nichts wie weg dachte ich. Im Eiltempo wollte ich mich in mein sicheres Versteck flüchten, dem kleinen Schrankregal mit dem weichen Kissen im Arbeitszimmer meiner Leute. Doch leider war die Tür geschlossen. Ich raste wie wild durch die Wohnung, auf der Suche nach einem anderen sicheren Versteck, um mich vor dem Lärm verziehen zu können. Aber überall standen oder saßen mehr oder weniger fremde Gäste in der Wohnung meiner Hausherren herum. Halt, da öffnete sich gerade eine Tür. Schnell witschte ich durch den Türspalt auf die Terrasse – und stand im Freien. Erneut knallte es, mir reichte es, das war nun eindeutig zuviel für mich. Mein Trommelfell dröhnte schmerzhaft. Mit hoch gesträubtem Fell raste ich ziellos in die Dunkelheit. *Das Rufen nach mir nahm ich nicht mehr wahr. In der Hoffnung einen ruhigen und sicheren Platz zu finden, rannte ich weiter. Überall sprühten leuchtende Funken und Sterne mit lautem zischendem Geräusch in den Himmel. Als dann auch noch eine Feuerrakete mit lautem Geräusch an mir vorbeischoss und mich kurz blendete, ergriff ich endgültig die Flucht in die nahegelegenen Felder. So langsam wurden die grellen Lichtblitze immer weniger. Jetzt konnte ich erst einmal durchatmen. Um meinen Durst zu stillen, den ich durch die Hetze bekam, watete ich vorsichtig über die Eisfläche eines kleinen Baches und schlabberte an einer offenen Stelle etwas Wasser. Ein feines Knirschen und Knacken unter mir bemerkte ich zu spät und landete plötzlich im Gewässer. Mit Mühe und Not strampelte ich aus dem Bach und robbte mich an das sichere Ufer. Inzwischen hatte ich von dem ganzen Lärm, den Lichterblitzen und durch die Flucht meine Orientierung verloren. Die kalte Luft und der eisige Schnee unter meinen Pfötchen ließ mich bibbern, ich fror fürchterlich. Endlich fand ich ein passendes Plätzchen unter einem Gestrüpp und verweilte dort, um mich von den Schrecken zu erholen. Die Müdigkeit überfiel mich so sehr, dass ich einnickte. Ich erwachte wieder als es hell wurde und wollte mich auf die Suche nach meinem Heimweg machen. Leider gehorchten mir meine Pfötchen nicht. Ich stemmte und zog. Autsch, dass tat weh und ziepte fürchterlich an meinem Fell und meiner Haut. Tatsächlich war ich am Boden festgefroren und konnte mich nicht mehr von der Stelle bewegen. Panisch zappelte ich - zwecklos, ich kam nicht weg. Verzweifelt versuchte ich laut zu maunzen, nur versagte aufgrund der eisigen Kälte meine Stimme ihren Dienst. Weit und breit war niemand zu sehen, der mir aus der Patsche helfen könnte. Mir war schrecklich kalt, eine merkwürdige Taubheit breitete sich in meinem Körper aus. Ich fiel in eine Starre und eine Dunkelheit breitete sich über mir trotz des hellen Tageslichtes aus. Den herannahenden großen schwarzen Hund bemerkte ich nicht mehr.*

Als ich erwachte, lag ich auf einer mollig warmen Decke. Träumte ich schon den Traum der Regenbogenbrücke? Ungläubig blinzelte ich hoch und erblickte meine Dosine, die besorgt auf mich herabsah. Die Tierärztin packte gerade ihre Tasche ein. „Sie haben Glück gehabt, dass ihre Katze rechtzeitig gefunden wurde. Wenige Zeit später wäre sie bei den niedrigen Temperaturen und dem Eisregen erfroren. Sie braucht nun viel Wärme und Ruhe", erklärte sie meiner Dosine. Das Beruhigungsmittel, welches ich verabreicht bekam, betäubte meinen schmerzenden Körper.

# Ungewissheit

Es ist tragisch zu erleben, wenn ein Katzenhalter erfährt, dass seine gelieb-te Samtpfote überfahren wurde und verstarb oder durch eine langwierige, schwere Krankheit das Zeitliche segnete.

Noch schlimmer ist jedoch die quälende Ungewissheit, was aus einer ver-missten Katze wurde, die nie wieder auftauchte. Es ist viel schwieriger damit umzugehen als mit einer endgültigen Gewissheit, da ein Fünkchen Hoffnung, an welchen man sich derweilen in seiner Verzweiflung klammert, immer im Gegensatz zu den Tatsachen steht, um die man nicht weiß und nie erfahren wird. Man fühlt sich hilflos und unsicher dabei.

Bei einer länger anhaltenden Ungewissheit, geht man durch die Hölle von schrecklichen Gefühlen. Immer wieder macht man sich Vorwürfe, nicht ausreichend genug nach seiner verschwundenen Katze gesucht zu haben. Fehler bei ihr begangen zu haben, die nicht mehr korrigierbar sind. Es ist einem im Grunde die Chance verwehrt, sich auf gute Art und Weise von seinem geliebten Tier zu verabschieden und Frieden zu schließen. Man wird diese Situation nie vergessen, weil eine riesige Lücke nicht mit dem Wissen um das Ergebnis geschlossen wurde.

# Berti

Der Start in unser Leben war im Grunde sehr glücklich. Als Maikätzchen geboren, schienen wir auf der Sonnenseite des Lebens zu stehen. Im zarten Alter von ungefähr acht Wochen durften wir des Öfteren in das Haus unserer Halter. Die Kinder der Familie behandelten uns fürsorglich. Wir übernächtigten in den Betten der Kinder. Besonders bei der Tochter des Hauses, fühlten wir uns sehr wohl. Dummerweise waren wir durch das Leben in der freien Natur an kein Katzenklo gewöhnt. Dieser Umstand wurde meinem kleinsten Brüderchen irgendwann zum Verhängnis. Doch zuvor passierte etwas womit niemand je gerechnet hatte. Kurz bevor unsere Menschen für vier Wochen in den Urlaub fahren wollten, stürzte mein kleinster Bruder, Berti, von unserem Stammplatz, der sich auf dem obersten Podest der Steintreppe befand, durch eine Unvorsichtigkeit über drei Meter in die Tiefe. Blut tropfte aus seinem Näschen. Benommen lag er eine Zeitlang auf dem steinigen flachen Boden. Dann rappelte er sich auf und torkelte leicht benommen von dannen. Unsere Halter fuhren dennoch in den Urlaub.

Der Unfall und die fehlende ausführliche ärztliche Behandlung hinterließen Folgeschäden bei meinem Brüderchen. Diese zeigten sich in gelegentlichen, geistigen Aussetzern. Er begann an unüblichen Stellen kleine Pfützen zu hinterlassen. Manchmal torkelte er leicht. Bis zu diesem unglücklichen Tag, an dem mein Bruder, Berti, in dem Bett der Tochter ein Häufchen gesetzt hatte und sich dabei zu meinem Schrecken, dabei erwischen ließ. Völlig außer sich vor Wut drückte der Familienvater das Köpfchen meines Bruders mit viel zu grobem Griff in die Hinterlassenschaften. Das war wirklich das Dümmste, was ein Katzenhalter in dieser Situation machen konnte. Der kleine Berti war so entsetzt, dass er fast zu Tode erschrocken, die endgültige Flucht ergriff. Es sollte der letzte Tag sein an dem ich mein Brüderchen gesehen hatte. Er flüchtete so schnell, dass ich mich nicht mehr von ihm verabschie-

den konnte. Lange trauerte ich um ihn. Nie in meinem ganzen Katzen-
leben erfuhr ich was je aus ihm geworden war und wie es ihm erging.
Ganz allein auf sich gestellt mit gerade einmal zwölf Wochen zarten
und unerfahrenem Lebensalters in einer gefahrenbesetzten „Wildnis".
Zum Glück traf mich mein Schicksal besser. Ich bekam einen Platz in
einer anderen sehr netten Familie.

## Was tun, wenn die Katze wieder zurückkommt?

In diesem Fall ist das Loben Ihres Tieres von grundlegender Bedeutung. Stellen Sie fest, ob Ihre Samtpfote gesund ist, Verletzungen oder andere Verhaltensweisen hat, die einen Arzt auf den Plan rufen müssten. Ist eine Impfung fällig oder bestehende Medikamentenbehandlung bei bekannten Leiden der Samtpfote erforderlich? Wahrscheinlich hat die Katze erst einmal einen unbändig riesigen Hunger oder Durst. Vielleicht braucht sie dann außerdem noch Ihre vollständige, ungeteilte Aufmerksamkeit und ausgiebigen Trost, wenn sie Unerfreuliches erlebte. Oder muss sie erst einmal gründlich gesäubert oder gekämmt werden, weil ihr Fell völlig zerzaust ist. Ein paar Tage Hausarrest macht definitiv Sinn, damit sich die Samtpfote und Sie selber von dem Schrecken des Verschwindens erholen können und sich die Mieze wieder mit ihrem Heim vertraut macht. Nach der ersten Erholungszeit krönt man die Wiedersehensfreude mit einem kleinen Fest mit ihr und verwöhnt sie ausgiebig nach Strich und Faden. Bei einem Partner der Zigaretten holen geht und für Monate verschwindet sind derlei Festlichkeiten selbstverständlich nicht sinnvoll, da dieser sonst sein Verhalten wiederholen könnte.

## Wie geht es dem zurückgekehrten Tier gesundheitlich und emotional? Ist seine Persönlichkeit verändert?

Zuweilen ist es gleich ersichtlich, wie es der wiedergekehrten Katze geht und ob man einiges im Tagesablauf umstellen muss, dass es wieder so gut wird wie bisher oder wie es gewisse Umstände erfordern. Manche Samtpfoten sind unverändert, andere zeigen sich eine Zeitlang eher ängstlich oder schreckhaft. Manche wollen danach nie mehr aus dem Haus, andere haben sich so verändert dass sie unstetig werden, oder das Vertrauen zu

Menschen verloren haben. Einige leiden unter einem Trauma, wie Verlust-ängste oder einer schweren Erkrankung aufgrund dessen, was sie durch-gemacht hatten. Bei den meisten Verletzungen handelt es sich um Schürf-wunden, Kratzer, verletzte Pfötchen, Bisswunden, abgewetzte Krallen oder verfilztes Fell. Meist ist die Katze dünner geworden, da ihre Nahrung eher aus Mäusen, Vögeln, Spinnen, Käfern oder Tauwasser bestand. Uner-wünschte Parasiten wie Zecken oder Flöhe sind hierbei das geringste Prob-lem.

## Welche Rituale sind hilfreich, um eine erneute stabile Bin-dung aufzubauen?

Ihre gewohnten Plätze, Spielzeuge und ein regelmäßiger Tagesablauf mit Essens- und Spielzeiten, gibt Ihren Fellnasen wieder die notwendige Si-cherheit zurück. Nehmen Sie sich Zeit, um mit der Katze zu sprechen, zu spielen und sie ausgiebig zu streicheln oder sie zu kämmen, wenn sie es zulässt. Insbesondere durch besondere Leckerlis, die Liebe geht auch durch Katzenmägen, stärken Sie Ihre gemeinsame Bindung.

## Suchen mit Hellsehern oder und Wahrsagern

In der größten Not setzen einige Katzenhalter ihre Hoffnung auf die Hilfe von Hellsehern und Wahrsagern. Die Meinungen hierüber gehen in beide Richtungen weit auseinander.

Die einen machen eine gute Erfahrung damit, die anderen sind hinterher noch verwirrter und unglücklicher als zuvor.

Eine Nachbarin von mir wandte sich in der Sorge um ihre vermisste Katze an einer Hellseherin. Sie erhielt nach einer längeren Sitzung die Botschaft, dass ihre Katze inzwischen verstorben war. Traurig ging die Frau nach Hause als sie das nicht gerade kleine Honorar beglichen hatte. Ein paar Tage später erschien die Katze zu Hause – wohlbehalten und bei bester Gesundheit.

Selbstverständlich üben auch sehr fähige Hellseher ihren Beruf erfolgreich aus.

Beachten Sie vor der Konsultation eines Hellsehers seine Referenzen, die Handhabung seiner Versprechen und der Aussagen die er macht.
Nicht unbedeutend ist ebenfalls die Art und Weise der Honorierung wie auch die Preisgestaltung.

## Adressen/ Links

www.tierschutzverzeichnis.de/su/ts_tipps_katze_entlaufen.html

www.tiernotruf.org

www.globalanid.com

www.vierpfoten.at

www.goedeka.de

www.katzensuchdienst.de

www.peta.de/web/wenn_ihre_katze.784.html

www.katzennothilfe.de/felidae/pinboard/pins/pin10.htm

www.sabine-brandl.de/katzen.html

www.ausreisser.de/

www.netz-katzen.de/tierschutz/tierfaenger.htm

www.katzenhilfe-westerwald.de

www.tierschutzverzeichnis.de/su/ts_formular_tote_katze.htmwww.ha
ustierdiebstahl-in-deutschland.de

www.loktier.de/Ortungsgeraete-fuer-HAUSTIERE:::4.html

www.ortungssystem-vom-fachmann.de/ortung-haustiere/index.htm

## Kehrt Karami zurück?

Mein Leben war selten so spannend, wie ich es seit Monaten erlebte-Ich hatte erfahren, was Heisshungerattacken waren, wie sich Angst und Unsicherheit anfühlten, hatte lautstarke Kämpfe mit anderen Katern ausgefochten und mehr oder weniger sichtbare Blessuren davongetragen. Aber auch amouröse Abenteuer mit freundlichen wie ebenfalls hübschen Katzendamen, verschönerten mein aufregendes Leben. Ich nutzte die Einladungen gastfreundlicher Menschen für meinen zeitbegrenzten Aufenthalt in fremde Wohnungen mit kulinarischer Versorgung. Über die Charaktere der Menschen die mir begegneten, es waren liebevolle wie auch fiese oder gleichgültige dabei, könnte ich Ihnen stundenlang etwas vormaunzen. Es sind in der Tat sehr nachdenkenswürdige Exemplare dieser Spezies dabei. Doch mein Zuhause fehlte mir immer mehr. Dummerweise fand ich es nicht mehr, da ich mich im Lauf der Zeit viel zu oft verlaufen hatte und an anderen mir unbekannten Orten vorübergehend verweilte. So ahnte ich ebenfalls nicht, wie sehr ich meiner Dosine fehlte und wie oft sie Tag für Tag nach mir suchte. Ihre Hoffnung mich zu finden, schwand immer mehr, je mehr die Zeit verging. Inzwischen war aus mir ein prachtvoller, kräftiger Kater geworden, der eine ganze Menge Lebenserfahrung vorzuweisen hatte. Mittlerweile hatte ich zwei recht passable Plätze gefunden, die ich mein Zuhause nannte. Ein Zuhause für den Tag, an dem ich ausgezeichnete Kost erhielt, ein weiteres Heim für die Nacht, in der ich in einer wundervollen Kuschelhöhle übernachtete. Die beiden Menschen ahnten nichts von meinem Doppelleben. Wie das jedoch nun einmal so ist, kommen irgendwann einmal die meisten Geheimnisse an das grelle Tageslicht der Wahrheit. Dieses geschah folgendermaßen. Mir widerfuhr das unglaubliche Pech, wegen einer läppischen Verletzung, gleich zweimal innerhalb kürzester Zeit zu einem Tierarzt zu müssen. Nichts ungewöhnliches, meint ihr? Nun, wenn man im kurzen

Zeitabstand von zwei Menschen mit unterschiedlicher Wohnungsadresse zum Tierarzt gebracht wird, fällt dies einem aufmerksamen Mediziner auf, insbesondere dann, wenn er ein und dieselbe Verletzung an der gleichen Stelle behandelt. Damit Klarheit herrschte, fiel es den Leuten endlich einmal ein, mich zu scannen. Dabei fand man meine Identität heraus und mein wahres Zuhause wurde ermittelt. Nach über zwei Jahren hatte mich meine Dosine wieder zurück erhalten. Gut, es hat eine gewisse Zeit benötigt, bis wir uns auf einer Verständigungsebene bewegten. Doch jetzt haben wir eine noch bessere Freundschaft miteinander als je zuvor. Selbst mit der neuen Katzendame in meinem alten Zuhause, begann ich mich anzufreunden. Doch echt fies befand ich den dreimonatigen Hausarrest der mir auferlegt wurde, das können Sie mir wirklich glauben. Ich verspreche hoch und heilig, nie mehr wieder fortzugehen – Ehrenwort!

## Aktion "Erfassen verschwundener Hauskatzen"

Liebe Tierhalterinnen und Tierhalter,

immer wieder verschwinden in Deutschland Hauskatzen. Teilweise häuft sich das Verschwinden von Tieren in bestimmten Gegenden. Die Gründe dafür können vielfältig sein. Leider ist auch nicht auszuschließen, dass skrupellose Tierfänger Katzen fangen, sie töten und die Felle der Tiere an Firmen verkaufen, die daraus z.B. Rheumadecken herstellen. Wie viele Tiere betroffen sind, ist bislang nicht bekannt. Genauere Untersuchungen gibt es nicht. Dies ist einer der Gründe, warum es schwierig ist, etwas dagegen zu unternehmen.

Das Bündnis Hessischer Tierrechtsorganisationen will daher versuchen, mehr Informationen über das Verschwinden von Hauskatzen **in ganz Deutschland** zu sammeln, um

- die verschwundenen Tiere systematisch zu erfassen,

- festzustellen, ob regional gehäuft Katzen verschwinden,

- eine zahlenmäßige Erfassung dieser Katzen vorzunehmen, um auf die Bedeutung dieses Problems z.B. bei Politikern hinweisen zu können.

Falls auch Sie Ihre Katze vermissen, füllen Sie bitte den Erfassungsbogen aus und schicken Sie ihn an die Tierhilfe Lahn-Dill e.V. unter der angegebenen Adresse bzw. Faxnummer. Ihre Angaben werden selbstverständlich vertraulich behandelt.

Bitte haben Sie Verständnis dafür, dass wir uns nicht direkt mit dem Auffinden verschwundener und dem Wiedervermitteln gefundener Katzen befassen. Diese Aufgabe übernehmen dankenswerterweise nach wie vor die örtlichen Tierschutzvereine und die Haustierregistrierstellen wie z.B. das Haustierzentralregister TASSO e.V. (www.tiernotruf.org) in Hattersheim, oder das Haustierregister des Deutschen Tierschutzbundes e.V.

**Melden Sie es unbedingt auch Ihrem Tierschutzverein und den Haustierregistrierstellen, wenn Sie Ihre Katze vermissen.**

# Erfassungsbogen "Verschwundene Hauskatzen"

**Bitte schicken oder faxen Sie diesen Erfassungsbogen an:**
Elfie Steinmetz - Tierhilfe Lahn-Dill e.V. - Am Sportplatz 8 - 35641 Schöffengrund
Telefon 06445 7555 - Telefax 06445 7985

**1. Angaben zur Tierhalterin/zum Tierhalter**

Name und Vorname:_____

_____

Straße:_____

_____

PLZ und Wohnort:_____

_____

Telefon:_____Telefax:_____

_____

**2. Angaben zur vermissten Katze**

Rufname: _____Alter:_____

_____

Geschlecht:     ☐ Männlich        ☐ Weiblich        ☐ Kastriert

Rasse:_____Farbe/Fellzeichnung:_____

_____

Besondere Kennzeichen:_____

_____

Tätowierung rechtes Ohr:_____linkes Ohr:_____

_____

Mikrochip:        ☐ Ja              ☐ Nein          Nummer:_____

_____

Registriert bei:_____

_____

110

**3. Angaben zum Verschwinden der Katze**

**4.**

Vermisst seit:_____Ort des Verschwindens:_____

_____

Landkreis/kreisfreie Stadt:_____

_____

Sind im gleichen Zeitraum noch andere Katzen in der näheren Umgebung verschwunden:

     ☐ Ja          Wenn ja, wieviele?_____     ☐ Nein

     ☐ Nicht bekannt

Ist die vermisste Katze zu einem späteren Zeitpunkt wieder aufgefunden worden und konnte sie ihrer Halterin/ihrem Halter zurückgegeben werden (wird ggf. von der Tierhilfe Lahn-Dill e.V. ausgefüllt)?

     ☐ Ja          ☐ Nein

**5. Raum für weitere Mitteilungen**

_____

_____

_____

_____

_____

_____

Durch meine Unterschrift bestätige ich, dass die von mir gemachten Angaben bei der Tierhilfe Lahn-Dill e.V. gesammelt und zu statistischen Zwecken verwendet werden dürfen. Meine Daten unterliegen dem Datenschutz und werden Unbefugten nicht zugänglich gemacht.

_____

_____

Ort/Datum                     Unterschrift

**QUELLE: http://www.katzennothilfe.de/felidae/pinboard/pins/pin10.htm**

## Aktuelle Meldung von Tasso im Februar 2011
### eu: TASSO Mitglied bei Europetnet

Seit Januar 2011 ist TASSO nun auch Mitglied bei Europetnet (EPN). Der europäische Dachverband der Tierregister mit Sitz in Brüssel, dem mittlerweile 53 Tierregister in Europa angeschlossen sind, ermöglicht in Sekundenschnelle, dass das Register gefunden wird, bei dem ein Fundtier gemeldet ist. Somit wird die Suche nach einem verlorenen und bei TASSO registrierten Tier für den Tierhalter noch effektiver. Tierheime, Tierärzte und Behörden, die EPN zur Recherche nach dem Besitzer eines verlorenen Tieres nutzen, können nun auch Tiere identifizieren, die bei TASSO registriert sind. Für Tierhalter bedeutet das eine noch größere Sicherheit bei Reisen mit dem Vierbeiner ins Ausland. Die Suche ist wie auch bei petmaxx.com, der Metasuchmaschine, der TASSO von Anfang an angeschlossen ist, denkbar einfach. Man tippt die Transpondernummer des Tieres auf www.europetnet.com ein und erhält die Information, bei welchem Register das gefundene Tier gemeldet ist. Danach wird das Register kontaktiert, und die Suche nach dem Halter beginnt. Persönliche Tier- und Halterdaten werden weder bei EPN noch bei petmaxx.com gespeichert. *"Die Vernetzung der großen Tierregister ist die Zukunft der Rückvermittlung. Deswegen macht ein Beitritt bei EPN auch für TASSO durchaus Sinn"*, so Philip McCreight, der in EPN auch große Chancen für gemeinsame europäische Tierschutzziele sieht. *"Reisen, der Umzug ins Ausland und eine immer größer werdende Mobilität der Menschen bringt es zwangsläufig mit sich, dass ein Tier auch im Ausland entläuft. Die größtmögliche Sicherheit, das Tier schnell wiederzufinden, besteht in zentralen, internetbasierten Suchmöglichkeiten, wie EPN sie mit seinen derzeit über 41 Millionen abfragbaren Transpondernummern bietet"*, so McCreight weiter.

## Dankeswort

Ein herzlicher Dank gilt der Inspiration durch die Samtpfoten und ihren zugehörigen Menschen.

Ein ganz besonderer Dank gebührt allen ehrlichen und aufmerksamen Findern, allen Tierschützern und Mitarbeitern von Tierschutzorganisationen.

Weiter danke ich Ilse, Ursula, und Brigitte für die wertvollen Diskussionen und das Testlesen.

## Schlusssatz

Von ganzem Herzen wünsche ich, dass jede verschwundene Katze, am besten wohlbehalten in ihr Zuhause zurückfindet oder die Finder der Katze helfen, wieder gut heimzukommen. Am besten wäre es, wenn überhaupt keine Katze mehr verschwindet.

# Bisher veröffentlichte Bücher:
## Katzenserie:

**Die berufstätige Katze**
Ein humoristisches Sachbuch zum Tag der Arbeit für oder mit der Katze. In diesem Buch erfahren Sie endlich detailliert, was Ihre Business-Katze tagtäglich vollkommen - selbstlos- für ihren Unterhalt so leistet.

Mit kleinen Alltagsbeispielen, Berufsbeschreibungen, Tests, Tabellen und mehr.

**ISBN-13:**
978-3-83913-808-3

168 Seiten, 26 Farbseiten
15,90 EUR
Erschienen im Juni 2010

**Im Namen des Katzenvolkes**
Humorvoll wird geschildert, wie die Samtpfoten und deren Halter mit dem von Menschen geschaffenen Paragraphenwerk leben und was sie selbst daraus machen. Bevor auch Ihre Katze in die bedenkliche Gefahr gerät von „bösen" Menschen verklagt zu werden, erfahren Sie wie Sie dem Risiko rechtzeitig vorbeugen können. Ergänzt mit vielen lustigen Kurzgeschichten.
168 Seiten, 8 Farbseiten

**ISBN:**
978-3-8423-2722-1

11,90 EUR
Erschienen im Oktober 2010

**Bücher sind im Buchhandel erhältlich oder im Internet unter den Links:**

- www.die-rote-Feder.de
- www.amazon.de
- www.bod.de
- www.buecher.de

# Gedichtbände:

**Wer weiß?**
Gedichtband
Zeitkritische Gedichte zu den vielfältigen Themen des Lebens.

Paperback
68 Seiten, 8 Farbseiten
4,90 EUR
Buchneuerscheinung im Oktober 2010

ISBN:
9-783842-33138-9

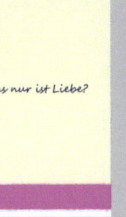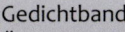

**Was nur ist Liebe?**
Gedichtband
Überlegungen zum Thema Liebe in Gedichtform, die zwei Seiten von Beziehungen beleuchten.

Ebook
30 Seiten, 30 Farbseiten
3,- EUR
Ausgabe im August 2010

Nur über den Autor erhältlich

**http://www.die-rote-Feder.de**

**als Ebook zu erwerben.**